Gütersloher Taschenbücher / Siebenstern 451

Leonhard Ragaz

Die Bergpredigt Jesu

Gütersloher Verlagshaus
Gerd Mohn

CIP-Kurztitelaufnahme der Deutschen Bibliothek

Ragaz, Leonhard:
Die Bergpredigt Jesu / Leonhard Ragaz. –
2. Aufl. d. Taschenbuchausg., (9.–12. Tsd.). –
Gütersloh: Gütersloher Verlagshaus Mohn, 1979.
(Gütersloher Taschenbücher Siebenstern; 451)
ISBN 3-579-03745-5

ISBN 3-579-03745-5
Lizenzausgabe mit freundlicher Genehmigung des Verlages
Peter Lang AG, Bern
2. Auflage der Taschenbuchausgabe (9.–12. Tsd.), 1979

Gesamtherstellung: Clausen & Bosse, Leck
Umschlagentwurf: Dieter Rehder, Aachen
Printed in Germany

INHALT

VORWORT

Die Bergpredigt wird wieder hervortreten. Immer stärker, immer stürmischer. Sie wird zurückgedrängt, wenn das Reich Gottes durch die sog. Rechtfertigung aus dem Glauben allein, das Evangelium durch die Theologie, die Botschaft durch das Dogma und mit alledem Jesus durch Paulus – den falsch verstandenen – ersetzt wird. Dann tritt an die Stelle der Bergpredigt der – falsch ausgelegte – Römerbrief und die Bergpredigt wird entweder nach dem falsch verstandenen Römerbrief ausgelegt oder, wenn's gut geht, in den Raum nach der «Wiederkunft Christi» hinausgeschoben. Dann geht es mit der Sache Christi reißend schnell abwärts.

Die Bergpredigt wird auch noch auf andere Weise falsch verstanden. Auf drei Arten. Sie wird entweder zu hoch hinaufgesteigert oder zu tief herabgezogen. Lange ist das Zweite üblich gewesen. Man hat die Bergpredigt, um ihr das scheinbar Utopische oder gar Phantastische zu nehmen, auf das Niveau einer edleren bürgerlichen Moral heraberklärt. So besonders im Protestantismus. Dieser hat in seiner offiziellen Form mit der Bergpredigt nicht allzuviel anfangen können. Sein Ausgangspunkt war der Römerbrief, so wie die Reformatoren ihn verstanden, damit aber die «Rechtfertigung aus dem Glauben allein», mit dem Mißtrauen gegen alle *Werke*, und sein Ende die Orthodoxie. Das Reich Gottes und die Nachfolge Christi stehen stark am Rande seines Denkens. Was er von der Bergpredigt verwendet, ordnet sich einer schon verbürgerlichten

Ethik ein. In seiner ketzerischen Form freilich, die sich im Täufertum konzentriert, rücken sie, wie bei den Wickleffiten und Hussiten und deren Vorläufern und Nachfolgern, in den Mittelpunkt, zum Teil in einer gewissen utopischen Wörtlichkeit. Der Katholizismus hat auf seine Art einige Elemente der Bergpredigt bewahrt. Aber er hat ihre bedeutsamsten Forderungen in eine zu große Höhe hinauf gesteigert, indem er sie als einen Weg erklärte, der nur den «Vollkommenen» voll zugänglich wäre, und diese «Vollkommenheit» war ihrerseits wesentlich nur dem Mönchtum erreichbar. Die Aufklärung jeder Art hat vollends die Bergpredigt auf das Niveau der bürgerlichen Moral herabgezogen. Dann hat das Pendel wieder auf die andere Seite ausgeschlagen. Man hat die Forderung Jesu, wie seine Verheißung, wieder in eine solche Höhe geschraubt, daß sie unerreichbar schien. Daran ist ein wenig auch Tolstoi schuld gewesen. In der allerletzten Periode ist das aber auch die Tendenz der sog. radikaleschatologischen theologischen Denkweise gewesen, nach welcher das ganze Evangelium nicht auf eine Erfüllung in der Gegenwart, sondern auf den erwarteten ganz nahen Anbruch des vollendeten Reiches Gottes eingestellt, also unserer Welt fremd wäre.

Beide Auffassungen sind falsch. Die Bergpredigt ist alles Andere als bürgerliche Moral. Sie ist aber auch keine Utopie und Phantastik. Sie ist durchaus realistisch. Sie ist sogar der einzige wahre Realismus. Sie ist die Wirklichkeit, die gilt, wenn *Gott* gilt, der Herr und Vater. Nichts Anderes.

Man hat die Bergpredigt sodann, im striktesten Gegensatz zu ihrem Sinne und Willen, zu einer Summe von Regeln und Vorschriften gemacht. Sie ist aber etwas ganz Einheitliches und Einfaches: Sie ist der Weg Gottes im Gegensatz zu dem Weg der Welt und dem Weg der Religion wie der Moral.

Und endlich hat man in der Auslegung der Bergpredigt den gleichen fundamentalen Fehler begangen, wie in der der Gleichnisse Jesu: Man hat sie rein *individualistisch* gedeutet, das heißt rein als Verheißung und Forderung für den Einzelnen, und hat das, was wir mit einem freilich etwas belasteten Worte ihren *sozialen* Sinn nennen können und der, wie in der ganzen Botschaft Jesu, der fundamentale ist, fast völlig übersehen.

Dieses dreifache Mißverstehen der Bergpredigt hat für die Sache Christi verhängnisvolle Wirkungen gehabt. Darum ist die Wiederherstellung ihres echten und ursprünglichen Sinnes von großer und zentraler Wichtigkeit.

Die Bergpredigt ist die unerhörte Botschaft von der Revolution der Welt durch Gott. Als solche kehrt sie wieder. Tolstoi hat sie einst wieder entdeckt; nun wird sie durch die Weltkatastrophe und die Weltrevolution neu in den Vordergrund gerückt. Sie kommt wieder und leitet die radikale Erneuerung der Sache Christi ein, die der letzte Sinn dieser Zeit ist.

Die Bergpredigt *lebt*. Sie tritt zurück, wenn das Christentum herrscht; sie tritt hervor, wenn Christus und das Reich Gottes durchbrechen.

Diesen Sinn der Bergpredigt versucht die vorliegende Deutung derselben herauszuarbeiten. Sie will nicht eine historisch-exegetische Erklärung für Theologen und Halbtheologen sein, obschon sie das voraussetzt, was die Schriftgelehrsamkeit sagen kann. Sie ist sich gegenüber dem übergewaltigen Thema ihres Ungenügens voll bewußt; aber sie will nur ein *Versuch* sein, nur eine kräftige Anregung. Möchte sie das sein!

Die Deutung der Bergpredigt Jesu bildet eine Ergänzung zu der Deutung der *Gleichnisse Jesu*[1], welche der Ver-

---

[1] Vgl. *Leonhard Ragaz:* Die Gleichnisse Jesu.

fasser kürzlich veröffentlicht hat. Beide Hauptstücke der Botschaft Jesu gehören zusammen. Man kann ihr Verhältnis zueinander etwas summarisch vielleicht so formulieren: Während die Gleichnisse vom *Reiche Gottes* reden, so die Bergpredigt von der *Nachfolge*. Selbstverständlich läßt sich die Unterscheidung nicht genau durchführen, weil ja beide Elemente der Botschaft Jesu so eng zusammen gehören; aber sie bezeichnet doch zutreffend sowohl das Wesen jedes derselben, als auch ihren Unterschied. Darum folgt diese Deutung der Bergpredigt so rasch auf die der Gleichnisse. Möge sie ein wenig mithelfen, den neuen Weg zu Christus zu zeigen, den die Welt, es wissend oder nicht wissend, sucht und so jene Revolution Christi fördern, die sowohl die Revolution des Christentums wie die Revolution der Welt bedeutet.

Leonhard Ragaz.

Die *Gesprächsform* der Ausführungen ist durch deren ursprünglichen Zweck veranlaßt worden, ein Teil des volkstümlichen «Bibelkatechismus» zu sein, den der Verfasser zu schaffen beabsichtigte und auch geschaffen hat. (Einen andern Teil bilden z. B. die Auslegungen der Zehn Gebote und des Unservaters, wie die kleinen Schriften «Die Jüngerschaft Christi», «Die Gegner Christi», «Das Kommen Christi», «Das Reich Gottes in der Bibel». die noch auf die Veröffentlichung warten.) Wer die dialogische Form nicht liebt, der übersehe sie einfach. Sie ist ja nur äußerlicher Art (F. bedeutet «Frage», A. «Antwort»).

DIE MAGNA CHARTA DES REICHES GOTTES

1. Der Sinn der Bergpredigt

F. Willst du uns nicht Ordnung und Gesetz des Reiches Gottes lehren?

A. Sie finden sich zusammengefaßt in der *Bergpredigt Jesu* vom fünften bis zum siebenten Kapitel des Evangeliums nach Matthäus. Teile davon enthält auch das Evangelium nach Lukas im sechsten Kapitel und anderswo. Man muß aber noch ein Stück aus dem vierten Kapitel des Matthäus als Einleitung dazu nehmen.

Man hat sich, wenn man streng geschichtlich denken will, nicht alle die Worte, die in der Bergpredigt vereinigt sind, auf einmal und auf dem Berge über dem See Genezareth gesprochen vorzustellen. Aber diese Zusammenfassung hat, wie man sehen wird, einen großen Sinn, und es handelt sich wirklich um einen Berg, einen Berg, der in den Himmel hinauf reicht und von dem aus man die Welt überblickt.

2. Die Hilfe und der Helfer

«Als [Jesus] hörte, daß Johannes übergeben worden sei, ging er zurück nach Galiläa. Und er verließ Nazareth und kam nach Kapernaum am See, in der Gegend von Sebulon und Naphthali, und wohnte daselbst, sodaß erfüllt wurde das Wort des Propheten Jesaias, das da spricht: «Land Sebulon und Land Naphthali, Seeweg, Transjordanien, Galiläa der Völker: Das Volk, das in Finsternis sitzt, erblickt ein großes Licht, und denen, die im Lande der Todesschatten sitzen, geht ein Glanz auf». Von da an hob Jesus mit der Verkündigung an und sprach: «Kehret um, denn das Reich Gottes ist genaht». (Matthäus 4, 12–17.)[1]

«Und er zog durch ganz Galiläa, indem er in ihren Synagogen lehrte, die frohe Botschaft vom Reiche Gottes verkündigte und jede Krankheit und jedes Übel heilte. Und es erging der Ruf von ihm durch ganz Syrien. Und sie brachten zu ihm alle, die sich übel befanden, von vielerlei Krankheiten und Beschwerden, von Geisteskrankheit, Neurose und Lähmung Befallene, und er heilte sie. Und es folgten ihm große Massen aus Galiläa und der Fünfstadt, Jerusalem und Judäa und Transjordanien. (Matthäus 4, 23–25.)

Die Bergpredigt ist nicht ein abstraktes Lehrstück, sondern wächst aus der Not des Volkes und der Verheißung hervor. Sie ist die *Hilfe*. Und sie ist überall auf den *Helfer* zu beziehen. Er hat dafür den Auftrag und er verleiht ihr die Kraft. Er redet, wie es zum Schlusse heißt, als «Einer, der *Vollmacht* hat und nicht wie die Schriftgelehrten».

Ob nicht die heutige Weltlage so ist, daß sie als Hilfe gerade das braucht, was die Bergpredigt sagt? Ob nicht der innerste und oberste Sinn der Zeit genau durch das Wort ausgedrückt wird: «Das Reich Gottes ist nahe; kehret um und glaubet der frohen Kunde»?

3. Die große Umdrehung

«Wie er nun die Massen sah, stieg er auf den Berg hinauf, und als er sich gesetzt hatte, traten seine Jünger zu ihm, und er öffnete seinen Mund, lehrte sie und sprach:

«Selig sind die Armen [im Geiste]; denn ihrer ist das Reich Gottes.

---

[1] Es heißt wörtlich «*Reich der Himmel*». Das wird gewöhnlich mit «Himmelreich» übersetzt. Aber man muß Zweierlei überlegen: Die Juden scheuten sich, das Wort «Gott» auszusprechen und sagten dafür «Himmel» oder «die Himmel». *Wir* müssen daher «Gott» sagen. Auch versteht man bei uns unter «Himmel» zu sehr das *Jenseits;* das Reich Gottes aber ist zunächst für die *Erde*. Es entsteht – und ist entstanden – ein verhängnisvolles Mißverständnis, wenn man «Himmelreich» sagt statt «Gottesreich». Darum ist *dieses* Wort als Übersetzung das dem Sinne nach allein richtige.

Selig sind die Gütigen; denn sie werden die Erde besitzen.

Selig sind, die da hungern und dürsten nach der Gerechtigkeit; denn sie sollen satt werden.

Selig sind die Barmherzigen; denn sie sollen Barmherzigkeit empfangen.

Selig sind, die reinen Herzens sind; denn sie sollen Gott schauen.

Selig sind die Friedeschaffer, denn sie sollen Söhne Gottes heißen.

Selig sind, die um der Gerechtigkeit willen verfolgt werden; denn ihrer ist das Reich Gottes.

Selig seid ihr, wenn sie euch schmähen und verfolgen und lügnerisch alles Schlimme gegen euch sagen um meinetwillen. Freuet euch und jubelt; euer Lohn wird groß sein bei Gott; denn so haben sie die Propheten verfolgt, die vor euch gewesen sind.» (5, 1–12.)

F. Ist das nicht die Umkehrung dessen, was man sonst denkt und tut? Wie können die Armen, die Gütigen, die Leidenden, die Hungernden und Dürstenden, die Verfolgten und alle Andern dieser Art selig gepriesen werden?

A. Sie können es auf Grund des offenen Geheimnisses, das den Sinn der ganzen Bergpredigt bedeutet: *Sie orientieren sich an Gott, statt an der Welt*, an dem Gott, der unser Herr ist und unser Vater – und gewinnen damit höchstes Glück. Das aber bedeutet in der Tat eine *Umdrehung* des Denkens und Tuns um hundertachtzig Grad. Umdrehung heißt *Revolution.* Darum können wir sagen: Hier haben wir die *Weltrevolution*, die wahre, vor uns.

F. Willst du sie uns zeigen?

A. Es ist in der Tat eine völlige Umkehrung des Denkens und Tuns der Welt. Am Anfang der Bergpredigt wie des ganzen Evangeliums vom Reiche Gottes steht die *Armut.* Es heißt: «*Selig sind die Armen; denn ihrer ist das Reich Gottes.*» Das ist eine ungeheure Tatsache, die die Welt noch keineswegs versteht. Sie geht auch ganz gegen den Sinn der *Welt.* Denn die Welt will *Reichtum* und wird davon unselig, wie vor Augen liegt. Sie geht daran zugrunde. Dem stellt

Jesus die gewaltige Tatsache und Ordnung des *Reiches* gegenüber: «*Wer zu Gott kommen will, muß arm werden; wer Gott hat, wird arm, aber darin reich.*»

F. Welche Armut ist gemeint? Bloß die geistige, oder auch die materielle? Heißt es nicht eigentlich: «Selig sind, die geistlich arm sind?» Warum denn übersetzen: «Selig sind die Armen» und das «geistlich» weglassen?

A. Aus guten Gründen! Es heißt im Lukasevangelium (6, 20) einfach «die Armen» («Selig seid ihr Armen»). Das hat einem Späteren nicht gepaßt und er hat «geistlich» oder wörtlich «im Geiste» an den Rand des Textes geschrieben. «Die Armen» aber ist allein bibelgemäß.

F. Also sind es bloß die *materiell* Armen?

A. Auch wieder nicht. Es ist beides gemeint: materielle Armut, gewiß, aber nicht im Sinne von Bettelarmut. Eher noch im Sinne von Proletariat, doch wäre auch das eine Verengerung dessen, was Jesus meint. Es ist auch nicht bloß etwa der Gegensatz zu Besitzbürgertum und Bourgeoisie. Schon das Alte Testament, besonders in den Psalmen, redet von den «Armen» im Gegensatz zu den beati possidentes. Es sind die kleinen Leute, die in bescheidensten Verhältnissen Lebenden, die Bedrückten und Belasteten, auch oft genug Vergewaltigten und Enterbten. Aber es gehören zu ihnen auch alle die von dem herrschenden weltlichen und religiösen Zustand nicht Befriedigten, auf Gottes Kommen Wartenden und darum vielfach Leidenden und Entbehrenden. Schon darum ist es aber auch *geistige* (oder «geistliche») Armut. Es ist die Haltung des Hungernden und Dürstenden, des vor Gott Kindlichen und Demütigen. Es ist, prägnant ausgedrückt, der große Gegensatz zum *Besitz* überhaupt.

F. Aber doch nicht im Sinne von unserem «Geistesarmut», von Armut an Bildung, an Gedanken und Denkfähigkeit?

A. An «Bildung» vielleicht, jedenfalls wenn man dabei bloß an Schulung, Wissen, künstlerische und wissenschaftliche Kultur denkt. Es ist jedenfalls Abwesenheit einer Haltung, die sich solchen Besitzes *bewußt* und darauf stolz oder besser: eitel ist und die wir heute Intellektualismus, Ästhetizismus und ähnlich nennen würden. Aber nicht Mangel an geistigem Leben und geistigem Verständnis im tieferen Sinne. Im Gegenteil: Nicht die «Reichen», die materiell und «geistlich» Reichen, in ihrem Hochmut, ihrer Sicherheit, ihrer Herzverfettung verstehen Gott, sondern bloß die «Armen». Sie allein können das Reich fassen. Das gilt von den Einzelnen wie von der Klasse. Und so meint es überall die Bibel. «Eher kann ein Kamel durch ein Nadelöhr gehen als ein Reicher in das Reich Gottes.»[1]

F. Ist das ein unverbrüchliches Gesetz? Gibt es davon keine Ausnahmen?

A. Jesus antwortet: «Bei Menschen ist's unmöglich, bei Gott aber sind alle Dinge möglich.» Jedoch kann ein Reicher nur ins Reich Gottes eingehen, wenn er – arm wird. Denn nur als Armer kann man Gott fassen. Und umgekehrt: wenn man Gott faßt, wird man arm.

Aber das ist der Weg zum wahren Reichtum und damit aus der Unseligkeit zur Seligkeit. *Denn Gott macht reich.* Er allein. Er macht unendlich reich. Er gibt dem, der ihn hat, alles. Er macht ihn selig. Das ist die Umkehrung um hundertachtzig Grad. Wer aus Gott lebt, statt aus der Welt, der wird unendlich arm und unendlich reich. Das ist das offene Geheimnis. Das ist der Weg Jesu selbst und der Weg des Franziskus. Das muß der Weg unserer Welt werden: aus dem Reichtum, der sie unselig macht, zu der Armut, aus welcher Reichtum und Freude quillt. Und auch eine neue Kultur, im höchsten Sinne, das, was man einmal mit

[1] Matthäus, 19, 23–24.

einem freilich ungenügenden Ausdruck proletarische Kultur nannte.

So wird den Armen das Reich Gottes verheißen und zwar *für die Erde*, nicht erst für den «Himmel». Das ist die Weltrevolution Jesu. Sie ist erst im Aufdämmern, wird aber durch diejenige, die heute schon im Gange ist, gewaltig gefördert werden.

F. Gilt sie also nicht nur für das politische und soziale Leben?

A. Sie gilt für *alles* Leben. Vor allem auch für die *Religion*. Auch hier und hier erst recht, trennt jeder Besitz, oder vermeintliche Besitz, von Gott und auch vom Bruder. Es muß ihn aufgeben, wer zu Gott kommen will. Er macht auch nicht fröhlich, sondern «mürrisch». Das gilt vom sittlichen Besitz, von wirklicher oder eingebildeter Tugendhaftigkeit. Auch sie ist bloß eine Last, macht nicht selig und trennt von Gott und dem Bruder. Darum kommen die Zöllner und Sünder – und sogar auch die Dirnen[1] – eher ins Reich Gottes als die Pharisäer und Schriftgelehrten. Das gilt auch vom kulturellen Besitz. Er macht nicht wirklich reich, macht die Seele eher arm. Erst wenn wir an alledem vor Gott und in Gott arm werden, strömt sein Reichtum aus, sein Leben, seine Freiheit; erst dann ertönt das «Selig». Das ist der Weg vom Reiche der Welt in das Reich Gottes – die große, eigentliche Weltrevolution.

F. Wird sich dieser Weg je öffnen?

A. Er öffnet sich heute. Das Reich alles Besitzes stürzt im Gericht zusammen. Wir werden von selbst arm, werden aber von der Armut zu *Gott* gelangen und darin reich werden.

F. Gilt das nur von der Gesamtheit, oder auch vom Einzelnen?

---

[1] Matthäus 21, 31.

A. Es gilt gleichmäßig von beiden, von dem Einzelnen und von der Gesamtheit. Aber jedenfalls muß das Christentum zuerst diese Wahrheit lernen und diese Umdrehung um hundertachtzig Grad machen. Alle seine Großen haben das gewollt, Franziskus, Dante, Tolstoi, auch alle Reformatoren, besonders die vor, neben und nach der offiziellen Reformation. Mit dem Kampf gegen den Ablaß aber hat auch diese, nicht zufällig, eingesetzt. Es gilt an Stelle der Besitzeswelt die Gotteswelt zu setzen, welche die rechte Menschenwelt wird. Das geschieht, wenn man wieder das Reich Gottes und seine Gerechtigkeit für die Erde versteht. Selig sind die Armen, denn ihrer ist das Gottesreich!

F. Wie gehört dazu das «*Selig sind die Leidenden, denn sie sollen getröstet werden*»?

A. Es liegt auf der gleichen Linie. Auch die *Freude* kommt nur von Gott. *Glück* suchen von Natur alle Menschen, aber es macht nicht – glücklich. Es ist Besitz und macht nicht froh. Das Leid nimmt diesen Besitz weg und führt zu Gott. Darum kann nur ganz freudig werden, wer leidet, wer gelitten hat. Darum können nur die leidenden Massen das Reich Gottes erfassen. Darum kommt die große Erlösung nur durch schwerste Not. Gerade heute!

F. Will aber das Reich Gottes nicht Freude? Heißt Evangelium nicht *frohe* Botschaft?

A. Gewiß. Darum werden ja auch die Leidenden selig gepriesen. Nicht einfach um des Leidens willen. Das Leiden ist nicht Selbstzweck. Aber die *Welt* bringt Leid. Auch der Kampf um das Reich Gottes bringt Leid. Da ist dann der große Trost, daß das Leid überwunden werden kann und soll, ja, daß es ein Weg werden kann und soll, der besonders rasch zu Gott führt und besonders nahe zu ihm und damit zur Freude. Das Reich Gottes, Gott selbst, ist überall Freude, aber so wie wir Menschen sind, gelangen wir zu Gott nur auf dem Wege durch die Tiefe des Leides. Wer jedoch zum wirklichen Gott, dem Herrn und Vater gelangt, muß freudig sein. Alles unfrohe Wesen ist ein Zeichen von Gottesferne. «Es ist unmöglich, daß nicht freudig sei, wer an den Herrn glaubt.» (Augustinus.)

Selig sind die Leidenden, denn sie sollen getröstet werden.

F. Gilt Ähnliches von der folgenden Seligpreisung: «*Selig sind die Gütigen, denn sie werden die Erde besitzen*»? Warum soll es übrigens statt «Sanftmütige» «Gütige» heißen?

A. Das Wort «sanftmütig» wird meistens zu weichlich verstanden, als bloßes Nachgeben, als bloßes Schweigen, Sichdreinfinden, als bloße Passivität, als bloßes Dulden, als Abwesenheit von Kampf für das Rechte, kurz, als eine nicht nur unheroische, sondern auch unmännliche Sache. Damit aber wird die Art und Meinung Christi verhängnisvoll verfälscht. Denn auf diese Weise ist Christus selbst *nicht* sanftmütig. Er ist ein Mann, ein Kämpfer, ein Held. Er streitet, greift an, er zürnt, er ist leidenschaftlich; er ist, wo es sein muß, scharf und hart wie ein Schwert. «Ich bin nicht gekommen, Frieden zu bringen, sondern Schwert.»[1] Darum müssen wir, in seinem Geiste, eine andere Übersetzung suchen, also etwa: «Selig sind die Gütigen», oder dann «Selig sind die Milden», vielleicht auch: «Selig sind die *Gewaltlosen*».

F. Kann man das Letztere nicht auch weichlich und passiv verstehen?

A. Man kann es, aber man muß es freilich nicht. Und man muß doch an Gandhi denken, an Tolstoi – sind das etwa weichliche und passive Gestalten? Und gar Jesus selbst! Aber sagen wir also lieber: «Selig sind die Gütigen».

F. Was bedeutet denn diese Seligpreisung?

---

[1] Matthäus 10, 34.

A. Sie richtet sich gegen ein drittes Grundstreben der Welt, gegen die *Gewalt*, und geht damit auf der gleichen Linie wie die zwei ersten. Auch die Gewalt ist ein Besitz. Sie rafft *Herrschaft* an sich. Sie will unterjochen. Aber auch sie macht nicht froh. Kein Gewalttätiger ist je froh gewesen, weder gewalttätige Völker, noch gewalttätige Einzelmenschen. Denn auch Gewalt trennt von Gott und von den Menschen. Sie will die Erde erobern und kann sie doch nicht erobern, oder doch wenigstens nicht behalten. Sie ist in sich nichtig. Sie stürzt dahin vor dem Geiste, vor der Wahrheit, vor der Freiheit, vor dem Rechte. Sie stürzt vor allem dahin vor dem Leiden um der Gerechtigkeit willen. Christus siegt, nicht Cäsar. *Sein* Reich behält das letzte Wort. Und mit ihm siegen alle, die seinen Weg gehen. Das Kreuz ist stärker als das Schwert, das Ohnmächtige stärker als das Mächtige, das «geschlachtete Lamm» stärker als der Löwe. Die Welt gehört zuletzt dem Geist, der Freiheit, der Wahrheit, der Liebe. Und wenn, wer Gewalt sucht, von Gott getrennt wird, so kommt umgekehrt der, welcher sich davon scheidet, zu Gott. Er wird durch Armut reich und froh – selig. Auch umgekehrt: Wer zu Gott kommt, kann kein Gewalttäter mehr sein. Gewalt übt man nur, wenn man Gott nicht kennt, den Herrn, sondern meint, alles selber machen zu müssen und zu können. Wer Gott kennt, der kennt eine andere Macht und vertraut auf sie. Gewalt kann nur üben, wer Gott nicht ehrt, den Herrn, der auch der *Vater* ist. Darum ist die heutige Herrschaft der Gewalt ein klares und massives Zeichen der Abwesenheit aller echten Gottesfurcht wie alles echten Gottvertrauens, und alle Vergottung von Gewalttätern Götzendienst. Wer Gott ehrt, der ehrt auch das heilige Recht des Andern, des andern Menschen, des andern Volkes, der andern Rasse, der andern Religion. Und ist darin froh – selig. Er weiß auch, daß Gott das letzte

Wort behält; er weiß, daß *sein* Reich herrschen und Christus siegen wird.

Selig sind die Gütigen, denn *sie* werden die Erde besitzen.

F. Aber sie sind doch solche, *die da hungern und dürsten nach der Gerechtigkeit* – ist das nicht ein Leiden? Wie können sie denn Selige sein?

A. Eben als Leidende; denn die sollen ja getröstet werden. Alle Sattheit ist eben auch Besitz – ist Folge eines wirklichen oder vermeintlichen Besitzes. Und sie trennt darum von Gott und dem Menschen. Auch geistige Sattheit. Und sie macht darum unfroh. Es gibt aber nichts Froheres als das Hungern und Dürsten nach der Gerechtigkeit.

Es gehört auch zum Wesen der *Welt*, daß sie hungert und dürstet. Sie hungert und dürstet nach dem, was sie als *Leben* empfindet. Dieses sucht sie auf allen möglichen Wegen. Sie sucht es im Gelde, in der Macht, in der Ehre, im Genuß, in der Sinnlichkeit, im Geiste (aber in *weltlichem* Geiste), in der Kunst, in der Wissenschaft, nicht zuletzt in der Religion – und findet es nicht. Denn dieses Hungern und Dürsten ist *unendlich*. Es gibt nur *eine* Quelle, die diesen Durst löscht, es gibt nur *ein* Brot, das diesen Hunger stillt: das ist das Trachten nach der Gerechtigkeit des Reiches Gottes.

F. Was ist unter *Gerechtigkeit* zu verstehen? Etwa bloß das Recht?

A. Auch dieses. Aber dazu der ganze Inhalt des Reiches Gottes, seine Verheißung wie seine Forderung, sagen wir in diesem Zusammenhang: die Sache Gottes und des Menschen, welche auch die Sache Christi ist.

F. Aber wird man denn satt, wenn doch klar ist, daß dieses Streben nie zum Ziele kommt? Denn wo bleibt die Gerechtigkeit der Welt? Wo die eigene?

A. Schon das Hungern und Dürsten nach der Gerechtigkeit macht satt. Das ist der Unterschied zwischen dem Hungern und Dürsten nach Gott und dem Hungern und Dürsten nach der Welt. Und im *Glauben* an Gott hat man ja schon die Erfüllung. Darum gibt es kein notwendigeres Brot und keinen notwendigeren Trank für die Seele der Völker wie des einzelnen Menschen und keine größere Freude, als das Hungern und Dürsten nach der Gerechtigkeit.

Selig sind, die da hungern und dürsten nach der Gerechtigkeit!

F. Und die *Barmherzigen, die Barmherzigkeit empfangen?*

A. Es ist immer die gleiche Linie. Der Unbarmherzige will sein *Recht* haben. Er will es durchtrotzen, eintreiben, auf gröbere oder feinere Weise. Es ist sein Besitz, aber es trennt ihn damit von Gott und den Menschen und macht unfroh. Wer aber sein Recht aufgibt, der kommt zu Gott und erhält großen Lohn. Und umgekehrt: wer zu Gott kommt, dem Herrn und Vater, kann nicht mehr wie Shylock auf seinem Schein bestehen. Seinem eigenen Recht tritt das Recht des Andern entgegen, das Recht des Menschen und des Bruders. Er wird barmherzig.

F. Darf man denn nie Recht suchen?

A. Man darf es, aber auf die rechte Weise und in Barmherzigkeit.

F. Empfängt man Barmherzigkeit wirklich nur, wenn man selbst barmherzig ist? Ist Gott nicht der Gott der *Gnade?*

A. Gewiß, aber wir können die Gnade nur empfangen, können die Gnade nur *verstehen*, wenn wir selbst Gnade üben. Wie es das Gleichnis vom Schalksknecht sagt[1]. *Es besteht zwischen Gott und uns eine Wechselbeziehung.* Gott richtet

[1] Matthäus 18, 21–35.

in einem bestimmten Sinne sein Verhalten nach dem Verhalten des Menschen. Auch zu dessen *Erziehung*. Wer Barmherzigkeit empfangen will, muß darum selbst Barmherzigkeit üben. Und selig ist er, wenn er es tut, wenn er nicht auf seinem Recht ohne Notwendigkeit besteht, als auf seinem Bezitz, sondern es fortgibt an Gott und dafür Gottes Recht empfängt, an seinem Reich der Liebe Anteil bekommt. Welches Glück! Welche Befreiung!

Selig die Barmherzigen, denn sie werden Barmherzigkeit empfangen!

F. Geht es auf der gleichen Linie weiter zu dem: «*Selig sind, die reinen Herzens sind; denn sie werden Gott schauen*»? Was heißt, «reinen Herzens» sein? Welches Herz ist ganz rein? Und was heißt: «Gott schauen»? Ist dabei an das Jenseits zu denken?

A. Dies keineswegs. Sondern das heißt: Gottes Wirklichkeit erfahren, Gottes Macht und Treue erleben. Und reines Herzens sein, heißt nicht, vollkommen, makellos, fehlerlos sein, sondern aufrichtig sein, gerade auf das Ziel des Rechten gerichtet, ohne Falsch, ohne Trug, ohne unreine Beweggründe des Wollens und Strebens, als da sind: Geltung, Ehre, Gewinn und Ähnliches.

Damit kommen wir von selbst auf den Sinn dieser Seligpreisung. Auch das was sie verneint, ist Sache der *Welt:* Unreinheit des Herzens, Streben nach Geltung, Macht, Gewinn jeder Art, auch nach Genuß jeder Art. Auch das wird zum Besitz, den die Welt nicht gerne fahren läßt. Sie kommt aber damit von Gott und vom Menschen ab und wird nicht froh. Du wirst scheinbar sehr arm, wenn du diesen falschen Schatz aufgibst. Aber du wirst eine schwere Last los. Du kommst zu Gott und bekommst seine Unendlichkeit. Und du wirst ihn *schauen*; du wirst erleben und erfahren, daß er *ist*. Du wirst erleben und erfahren, daß *er* das letzte Wort behält. Du wirst unendlichen Segen erleben und unendliches Gelingen erfahren. Bleibe nur fest! Wirf dein Vertrauen nicht weg!

F. Aber wenn Niederlage und Enttäuschung kommen?

A. Dann wirst du auch darin froh sein, deiner Sache gewiß auch in Not und Tod. Du wirst gerade darin Gott kennen lernen. Und auch hier wird es umgekehrt sein: In dem Maße als du Gott suchst und findest, wird dein Herz frei von der Unreinheit der Welt und selig. Was von dem einzelnen Menschen gilt, das gilt von jeder *Sache*; es gilt vor allem von dem Kampf um die Sache Gottes und der Menschen. Bleibe darin reines Herzens, halte dich frei von der Unreinheit der Nebenmotive, und du wirst Gott schauen. Das ist die rechte Theologie!

Selig sind, die reinen Herzens sind, denn sie werden Gott schauen.

F. Und die «*Friedfertigen*»? Warum soll es heißen «*Friedeschaffer*»?

A. Weil es im Original wirklich so heißt. Die Übersetzung «Friedfertige» verwandelt das Aktive ins Passive, das Männliche ins Weichliche und bezeichnet damit eine Hauptlinie der Entartung der Sache Christi. Auf der gleichen Linie wird dann auch statt «Söhne Gottes» «Kinder Gottes» gesetzt, aus dem Großen das Kleine, aus dem Freien das Abhängige gemacht und damit wieder der Geist der Seligpreisung verfälscht.

F. Was bedeutet denn diese?

A. Sie bedeutet wiederum die Fortsetzung der Hauptlinie. Die Welt sucht ihr Ich. Sie will vor allem sich selbst, ihre Ehre, ihre Macht, ihr vermeintliches Recht. Das ist ihr Besitz. Aller Besitz aber erregt – das ist die Fortführung des Hauptgedankens – *Streit*, der im Krieg seine massivste Form annimmt. Damit ist dann die Trennung von Gott und Mensch vollendet – und die Unseligkeit. Welche Herrlichkeit aber ist es, hier *durchzubrechen*! Welche Größe! Wahrlich, die welche das tun, sind größer als die Helden des Krieges. Sie sind starke Söhne Gottes. Und wie herrlich ist der Friede selbst! Welch ein Glanz von Gott her! Selig sind darum, mitten in Kampf und Anfechtung aller Art, die Friedeschaffer, die Friedenskämpfer.

Aber es ist auch hier umgekehrt so: Wenn man zu Gott kommt, dem wirklichen Gott, dem Herrn und Vater, dann kann man gar nicht anders, als den Frieden wollen. Denn er ist der Friede. Dann vergeht das Selbst mit seinem Anspruch vor dem Anspruch Gottes und des Nächsten, sei es das Selbst eines Einzelnen, sei es das eines Volkes. Dann vergeht der *Haß* vor dem Gott, der der Vater Aller ist, aller Einzelnen und aller Völker. Dann strahlt Seligkeit auf. Vergeben ist Seligkeit. Vor Gott, dem Herrn und Vater, vergeht der Krieg, aller Krieg, von ihm aus geht Friede, Völkerfriede, sozialer Friede, Seelenfriede – Seligkeit!

F. Warum heißt es aber «Friedeschaffer» statt «Friedfertige»?

A. Das ist wichtig. Wir sollen eben nicht nur selbst Frieden haben und vielleicht die Welt laufen lassen, wie sie laufen will, sondern sollen Frieden *schaffen*, sollen für den Frieden *kämpfen*. (Man könnte das Wort Jesu wohl auch mit «Friedenskämpfer» sinngemäß übersetzen.) Und nur der Friedeschaffer und Friedenskämpfer wird selig.

F. Wie kann man Frieden schaffen? Durch Nachgeben, Geltenlassen, Zudecken der Gegensätze, Schweigen zu Not und Unrecht?

A. So verstehen es viele Christen. Aber gerade das Gegenteil ist richtig. Frieden schafft man, für den Frieden kämpft man durch die *Wahrheit*. Denn die Wahrheit ist die Ordnung Gottes, und nur wo die Ordnung Gottes erfüllt ist, wo die Dinge in Ordnung sind, ist Friede. In diesem Sinn spricht Jesus: «Ich bin nicht gekommen, Frieden auf die Erde zu bringen, sondern Schwert».

F. Aber das ist ja dann Kampf, Kampf aber macht doch nicht selig, sondern unselig?

A. Ein großer Irrtum! Krieg macht unselig, Kampf macht selig. Es gibt ein Wort im heiligen Buch des Islam, das dem Worte Jesu recht nahe kommt: «Das Paradies ist unter dem Schatten des Schwertes».

F. Aber können wir immer Frieden mit den Menschen halten – auch wenn sie uns «*schmähen und verfolgen und lügnerisch alles Schlimme über uns sagen, um der Gerechtigkeit willen?*»

A. Ja gerade dann. Hier vollendet sich die Linie, die von der Armut zur Seligkeit führt. Denn auch unsere *Ehre* ist nach dem Sinn der *Welt* Besitz, der uns von Gott und damit vom Menschen trennt. Solange wir ängstlich unsere Ehre hüten, werden wir nicht froh. Wir werden arm. Denn wir haben nie genug davon und oft sogar sehr wenig. Aber wenn wir sie hinter uns lassen und zu Gott gehen – gerade in Schmähung und Verfolgung –, dann leuchtet Seligkeit auf, dann werden wir zuerst auch arm, aber darauf reich. Denn dann bekommen wir statt der Ehre der Menschen Ihn und *seine* Ehre. Dann werden wir mit der kostbarsten Krone gekrönt. Denn es gibt keine kostbarere Krone des Lebens als das Leiden um der Gerechtigkeit willen. Jede Schmähung verwandelt sich dann in eine Ehrung, jede Verfolgung in eine Befreiung. Wir kommen damit auch in die Gesellschaft der Edelsten unseres Geschlechtes. Es widerfährt uns die gleiche Adelung wie jene sie empfangen haben. Freuet euch, jauchzet! Kein Leben ist gekrönt, das nicht irgendwie *diese* Krone erlangt hat. Freilich ist es menschlich nicht leicht, diese Erfahrung zu machen. Sie ist nur von Gott, dem Herrn und Vater aus möglich. Von ihm aus aber möglich. Vor ihm versinkt alle Ehre der Welt; in ihm leuchtet *seine* Ehre auf. Darum ist das die tiefste Quelle aller Freudigkeit; darum ist das die höchste Seligkeit. Darum haben Märtyrer in den Flammen der Scheiterhaufen gesungen und gejubelt.

Selig seid ihr, wenn ihr um Gerechtigkeit willen verfolgt werdet; denn euer ist Gott und sein Reich.

So geht die *eine* Linie durch alle Seligpreisungen. Das «Selig sind die Armen», recht verstanden, ist das Vorzeichen von allen. *Sie alle zeigen die große Umkehr von der Welt zu Gott, dem Herrn und Vater.* Das ist ihr einfacher, tiefer und gewaltiger Sinn – das die Revolution der Welt durch Gott, welche Reich Gottes heißt, das die Welt *Gottes.*

4. Geltung und Erfüllung der Seligpreisungen

F. Ist das die ganze Fülle des Inhalts und Sinnes der Seligpreisungen?

A. Es ist nur die Hindeutung auf einen Schatz, der unendlich ist wie Gott selbst, der Herr und der Vater. Überall aber ist es das Eine: die Umdrehung um hundertachtzig Grad von der Welt zu Gott, dem Herrn und Vater, die wahre Revolution der Welt. Die Seligpreisungen sind nur einige wichtige *Beispiele* zur Veranschaulichung dieser Grundtatsache aller geistigen Wirklichkeit. Du mußt sie, die Welt muß sie in *allem* erfassen und veranschaulichen lernen.

F. Ist die Verheißung, die mit den Seligpreisungen verbunden wird, etwas, das sich erst in der Zukunft erfüllt oder schon in der Gegenwart?

A. Beides. Das Reich Gottes, dessen Ausdruck sie sind, ist Verheißung und Erfüllung zugleich, es ist zukünftig und gegenwärtig zugleich. Es ist gekommen und wird kommen. Es ist «genaht». Es kann empfangen werden. Es ist «mitten unter uns», wie Jesus selbst sagt[1]. Seine Kräfte sind aufge-

---

[1] Lukas 17, 21.

brochen, und wir können sie haben. Aber es wird sich noch in größerer Macht und Fülle offenbaren. Das Reich Gottes ist ja nichts Anderes als die Herrschaft Gottes, des Herrn und Vaters. Gott ist jetzt schon da, er ist schon jetzt der Herr und Vater. Wer aus ihm lebt, wer ihn über sich herrschen läßt, der hat jetzt schon Teil an ihm, Völker und Einzelne. Aber er *kommt* zugleich. Seine Herrschaft naht. Seine Offenbarung ist noch nicht fertig. Sein letztes Wort ist noch nicht gesprochen. Er ist der, der da ist, der da war und der da kommt.

Dementsprechend sind die, welchen die Seligpreisungen gelten. Sie sind Arme und Reiche, Wartende und Gestillte, Hungernde und Gesättigte. Sie harren auf das Reich und haben es bereits. Ihr Gott ist kommend und ist da. Wer nur das Eine sieht, sieht nur die Hälfte der Wahrheit und irrt sehr. Die Empfänger der Verheißung *werden* in der Erfüllung selig sein, aber sie *sind* schon selig; es heißt nicht: «Selig *werden* sein», sondern: «Selig *sind*».

F. Gelten die Seligpreisungen *allen* Menschen?

A. Sie sollen einmal Allen gelten, und gelten sozusagen grundsätzlich Allen. Denn Gott will der Herr und Vater Aller sein, und sein Reich soll zu Allen kommen. Aber *jetzt* gelten sie bloß den Jüngern. Denn sie allein haben die *Voraussetzung* für ihre Geltung: daß sie Gott, den Herrn und Vater, haben und aus ihm leben, daß sie das Reich Gottes erkannt und angenommen haben. Für Andere haben die Seligpreisungen wie die ganze Bergpredigt keinen Sinn. Aber Alle können schon jetzt Jünger werden. Darum sind die Seligpreisungen wie die ganze Bergpredigt auch für Alle als *Einladung*: Wählet zwischen Welt und Gott, zwischen Unseligkeit und Seligkeit!

F. Aber es ist noch einmal die Frage zu stellen: Gelten die Seligpreisungen schon für die Gegenwart, für die Gegenwart der damaligen Jünger und für die unserer Tage und nicht erst für das vollendete Reich Gottes? Hat Jesus nicht das vollendete Kommen des Reiches Gottes in der Nähe gesehen, und haben darum seine Verheißungen wie seine Anweisungen nicht den Sinn, daß sie erst für jenen Zeitpunkt, also für das irdische Jenseits gelten? Meinen das nicht manche Theologen?

A. Freilich. Aber es ist ein offenkundiger großer Irrtum, ein künstliches Gebilde der Theologie, das zum Teil auch dadurch entstanden ist, daß man besonders die Forderung Jesu (von der wir reden werden) in eine falsche Höhe hinaufgesteigert hat, sodaß sie dann unmöglich oder doch erst im vollendeten Reich Gottes erfüllbar schien. Sie ist aber durchaus erfüllbar. Es ist auch eine Unmöglichkeit, anzunehmen, Jesu habe an seine Jünger eine Forderung gestellt, die sie erst später erfüllen könnten, etwa wie Schiffskapitäne eine Anweisung für ihre Fahrt bekommen, die sie erst auf hoher See öffnen dürfen. Jesu Forderung ist vielmehr jetzt und hier zu erfüllen, wie seine Verheißung für jetzt und hier gilt. Denn beide entspringen aus der Tatsache, *daß Gott ist, der Herr und der Vater.* Er ist aber heute, wie er war und sein wird. Und sein Reich ist *genaht.* Es ist mitten unter euch. Alle aber, die es glauben, die *haben* es. Und denen gilt Verheißung und Forderung. Das ist der sonnenklare Sachverhalt.

F. Aber ist das Reich Gottes nach Jesu Botschaft nicht doch auch erst im Kommen?

A. Auch das ist richtig. Das Reich ist zwar angebrochen, aber es muß sich noch *erfüllen.* Und darum ist es auch für die Jünger zwar schon da, aber seine Vollendung steht noch aus. Es gilt aber die Forderung schon heute und gilt auch die Verheißung. Die Seligpreisungen enthalten nichts von der Aufhebung des Todes, die freilich erst mit der Vollendung des Reiches eintreten kann und soll, aber sie enthalten das, was das Reich heute schon gibt. Denn *heute* schon sind es die Armen, denen es gehört; *heute* sollen die Leidenden getröstet, die nach der Gerechtigkeit Hungernden und Dürstenden gesättigt werden; *heute* muß für den Frieden gekämpft werden; *heute* dürfen die um der Gerechtigkeit willen Verfolgten fröhlich und getrost sein. Im vollendeten Reiche Gottes ist das alles nicht mehr nötig. So sind die Seligpreisungen freilich auch ein Hinweis auf das *Kommen* des Reiches, nicht bloß auf das *Gekommensein*, aber sie fordern doch ein Verhalten von *heute* und bieten eine Verheißung von *heute*. Sie bedeuten, noch einmal, die Grundeinstellung des Menschen, der Gott, den Herrn und Vater, kennt und anerkennt und der darum freilich auch an das weitere Kommen seines Reiches glaubt.

Wir wiederholen also, was wir darüber vorhin ausgeführt haben. Die Bergpredigt gilt schon heute. Ihre Wahrheit ist ewiger und unbedingter Art, an keine Zeit und keine Umstände gebunden.

F. Aber wird denn die Bergpredigt tatsächlich verwirklicht?

A. Ich antworte: Werden die *Zehn Gebote* verwirklicht? Gelten sie nicht dennoch?[1]

5. *Die Verkündigung: Salz und Licht*

F. Wie sollen wir, wenn wir diese Revolution an uns erlebt haben, sie Andern vermitteln?

A. Darauf antwortet Jesus:

«Ihr seid das Salz der Erde. Wenn aber das Salz salzlos [‚dumm'] wird, womit soll gesalzen werden? Es taugt nicht mehr als daß es hinausgeworfen und von den Leuten zertreten werde.

---

[1] Wer sich für dieses «eschatologische» Problem näher interessiert, der sei auf die beiden Schriften: «*Die Botschaft vom Reiche Gottes*» und «*Jsrael, Judentum, Christentum*» von *Leonhard Ragaz* verwiesen.

Ihr seid das Licht der Welt. Es kann eine Stadt, die auf dem Berge liegt, nicht verborgen sein. Man zündet auch nicht ein Licht an und stellt es unter den Scheffel, sondern auf den Leuchter; so strahlt es Allen denen, die im Hause sind. So soll euer Licht vor den Augen der Menschen strahlen, daß sie eure schönen Werke sehen und euern Vater in den Himmeln preisen.» (Matth. 5, 13–16.)

F. Was bedeutet das: «*Salz der Erde*»?

A. Etwas Großes. Das Salz schützt vor Fäulnis. So schützen die Vertreter des Reiches, die wirklichen Jünger Christi, die Welt vor dem Verfaulen. An den bloßen Kräften der Welt ginge sie zugrunde.

F. Aber können sie das, da sie doch so Wenige sind?

A. Ja. Es kommt nicht auf die Vielen an. Man braucht auch nicht viel Salz, um eine Masse zu salzen. Es genügen darum einige Wenige, um ganze Völker, ganze Zeiten zu retten. Oft genügt sogar Einer. Nur müssen diese Wenigen *ganz* sein. Das Salz darf nicht «faul», nicht «dumm» geworden sein!

F. Wie kann das Salz denn «dumm» oder «faul» werden? Salz bleibt doch Salz?

A. Es wird «dumm oder faul», wenn es sich mit *fremdem Stoff* vermischt; dann verliert es seine Kraft.

F. Was bedeutet das?

A. Es bedeutet viel. Denn es bedeutet die einzige wirkliche Gefahr für die Wahrheit und die Sache Christi. Nicht Verkennung, Verfolgung, Niederlage ist ihre Gefahr – die sind vielmehr ein Segen für sie – sondern die *Verweltlichung*.

F. Was bedeutet diese?

A. Sie tritt in zwei Hauptformen auf. Entweder versucht die Sache Christi die Welt für sich zu *erobern*, verbündet sich der Welt, trachtet sich die Kräfte der Welt anzueignen: Geld, Macht, Ehre und dergleichen. Oder sie versucht sich der Welt *anzupassen*, in der Meinung, sie dadurch mit sich zu versöhnen. Man vermindert dann den Ernst der Botschaft. Man gleicht sie der Welt bis zum Verwechseln an. Man schleift die Spitzen, womit sie in die Welt richtend und rettend eindringen sollte, so lange ab, bis sie nicht mehr eindringen. Ja, man treibt es so weit, daß die Sache Christi zur *Sanktion* der Welt wird, daß man, sie mißbrauchend, damit die Ungerechtigkeit der Welt rechtfertigt, womit sie dann – o satanisches Wunder! – wieder Salz wird, aber im übelsten Sinne, in einem Sinn, welcher dem Sinn des Jesuswortes genau entgegengesetzt ist, nämlich ein stärkstes Präservativ des *Bösen*, das durch einen «christlichen» Zusatz fester wird und sich besser gegen den Angriff des Gewissens halten kann – daß die Botschaft ihre «Spitze» nicht gegen die Welt richtet, sondern gegen Gott.

F. Aber muß nicht doch die Wahrheit sich den Menschen, auf die sie wirken will, anpassen? Muß nicht ein Lehrer sich den Schülern anpassen? Sagt nicht Paulus, daß er den Juden ein Jude und den Griechen ein Grieche geworden sei? Erklärt er nicht, daß er den Korinthern zunächst nur Milch geben könne, da sie starke Speise noch nicht vertrügen?[1]

A. Das ist nicht diejenige Anpassung, die zu verurteilen ist. Sie ist bloß Anknüpfung, nicht Verleugnung. Das Salz bleibt dabei Salz, nur daß das Salz richtig angewendet wird. Die Wahrheit bleibt Wahrheit und wird nicht Kompromiß. Das Salz behält seine Schärfe. Die Wahrheit muß aber scharf sein, unerbittlich. Sie muß ganz vertreten werden, nicht halb. Sie ist ein Schwert und muß schneiden, muß Wunden schlagen.

F. Ist das nicht gegen die *Liebe*?

A. Es ist die Vollendung der Liebe. Wahrheit schaffen, für die Wahrheit zeugen, für die Wahrheit leiden ist die höchste und edelste Form der Liebe. So ist sie ja in Jesus

[1] Vgl. 1. Kor. 9, 19–21 und 1. Kor. 3, 1–3.

erschienen. Er ist, als die Liebe, die scharfe, kühne, revolutionäre Wahrheit und so das Salz der Erde. Von ihm haben wir das Salz. So bewahrt er die Welt vor dem Verfaulen. Es gibt eine *falsche christliche Liebe*, welche in einem gewissen Verschweigen der Wahrheit, in einer gewissen weichen Vergebung, einer gewissen Verschönerung oder Vertuschung der Wirklichkeit ihre Aufgabe sieht. Sie vermehrt erst recht die Fäulnis der Welt, statt sie zu verhindern. Verstehet wohl: Es heißt nicht: «Ihr seid die *Butter* der Erde» oder der «*Zukker* der Erde», sondern «Ihr seid das Salz der Erde». Weil das Salz des Christentums so faul geworden ist, weil es so wenig eine Kraft der Wahrheit mehr ist, der rücksichtslosen, tapferen, kämpfenden Wahrheit, darum erfährt es das Los des faul gewordenen Salzes, das hinausgeworfen und von den Leuten zertreten wird. Wir erleben das heute in gewaltigem Maßstab. Wenn das Salz der Wahrheit Christi salzlos geworden ist, gibt es kein Mittel mehr gegen die Fäulnis der Welt. Wenn die Sache Christi selbst faul wird, gibt es nichts mehr, womit man salzen könnte. Die Ersatzstoffe, die man dafür sucht, und die oft Giftstoffe sind, genügen nicht und machen oft die Fäulnis schlimmer. Nur die Sache Christi hat die nötige Salzkraft; weil sie nicht von dieser Welt ist, kann sie die Welt retten.

Lasset die Sache Christi wieder Salz werden, lasset sie auftreten als das, was sie ist, in Gemeinschaften, Bewegungen, einzelnen Menschen, und ihr werdet sehen, wie rasch sie Salz der Erde wird.

F. Kann aber «faul» gewordenes Salz wieder echtes Salz werden? Kann was weggeworfen und zertreten ist wieder gebraucht werden?

A. Im Physischen freilich nicht, wohl aber im Geistigen. Die Sache Christi kann gerade in Versagen, Katastrophe, Verworfen- und Zertretenwerden wieder Salzkraft bekommen, durch Rückkehr zu sich selbst und Abkehr von der

Welt: durch Umkehr. Wir erleben vielleicht heute diesen Prozeß; die Sache Christi gewinnt deutlich wieder ihre Salzkraft.

F. Und was bedeutet: «Ihr seid das *Licht der Welt*»? Wie kann Jesus das von seinen Jüngern sagen, die doch kleine und unbedeutende Menschen sind? Vorher hieß es, das Salz der *Erde* und jetzt gar das Licht der *Welt*. Ist das nicht zu groß?

A. Es ist groß, aber es ist Wahrheit. Bedenke: Es heißt nicht «*ein*» Licht der Welt, im Sinne von weltlichem Geistesglanz, sondern «*das*» Licht der Welt. Das hat mit rein menschlicher Größe oder Kleinheit nichts zu tun. Das Licht der Welt ist das Reich Gottes und seine Träger. Sie mögen menschlich klein und unbedeutend sein, *es* ist groß. Vielleicht ist besser, sie seien menschlich betrachtet klein und unbedeutend. Wenn sie zu stark im eigenen Lichte leuchteten, so könnten sie vielleicht nicht auch im Lichte Christi leuchten. Christus aber ist das Licht der Welt. Es gibt kein anderes Licht. Und wer es von ihm holt, der leuchtet und erleuchtet, der strahlt und wird gesehen.

Es ist erstaunlich, wie Menschen, die in natürlicher Beziehung recht unbedeutend wären, in diesem Lichte aufglänzen und weithin leuchten. Wenn wir auf die großen Träger und Trägerinnen der Sache Christi in allen Zeiten und Zonen blicken, so müssen wir von den allermeisten sagen: Kein Mensch wüßte etwas von ihnen, wenn an ihnen nicht das Licht Christi aufgestrahlt wäre. Es allein überstrahlt alles Licht der Welt bei weitem. Für diesen Sachverhalt ist bezeichnend, daß der Apostel, der vorher Saul, der Große, hieß, sich nach der Umkehr zu Christus Paulus, den Kleinen, nannte. Trotz seiner Geistesgröße wüßten heute wenige von ihm, wenn überhaupt jemand, nachdem er aber klein geworden ist, strahlt er als großes Licht durch die Zeiten. Wer recht Christus dient, leuchtet auf als großes

Licht. Es ist eine große Sache um einen Jünger Christi. Er ist eine *Stadt*, die auf *dem Berge* liegt.

F. Was bedeutet das?

A. Das bedeutet wieder etwas Wichtiges. Wenn eine große neue Wahrheit auftritt, dann werden die Menschen aufmerksam. Sie achten sorgfältig auf ihre Träger. Sie achten besonders darauf, was es für Menschen sind, ob ihr tatsächliches Wesen und Tun, ihre ganze Art und Haltung, ihre Botschaft wirklich bestätigt oder nicht. Tun sie das nicht, so verliert diese Wahrheit den größten Teil ihrer Kraft; tun sie es, dann vermehrt sich diese Kraft wunderbar. Ganz besonders gilt dies von der Sache Christi. Es ist auch heute so: wo sie auftritt, lebendig auftritt, da entsteht ein großes Aufmerken, ein Aufmerken wie sonst auf nichts. Und zwar gerade ein Aufmerken darauf, ob die persönliche Haltung dieser Menschen zu ihrer Botschaft stimme. Die Menschen warten im Grunde auf gar nichts so gespannt, als auf Verkörperung der Wahrheit. Nichts erschüttert sie so stark. Die ersten Jünger und Gemeinden Christi haben weniger durch ihre Botschaft die Menschen erobert, als durch ihr Leben. «Sehet, welch wunderbare Menschen! Welch eine neue Art! Wie sie einander lieben! Welche Frauen sie haben!» Man ging dem Quell eines solchen Wesens nach und kam zu Christus, kam zum Vater. Und ist es nicht so mit Christus selbst? Sind es nicht seine Werke, ist es nicht sein Leben, was seiner Botschaft ihre weltüberwindende Kraft gibt? Ist es nicht seine Reinheit, seine Liebe, sein Glaube, sein Gehorsam, sein Kreuz, was den Menschen Gott, den Herrn und Vater, offenbart? Sagt nicht Christus: «Wer mich *siehet*, der siehet den Vater»[1], statt etwa: «Wer mich *höret*, der höret den Vater»?

Darum sollen wir, wenn wir uns zu Christus und zu

---

[1] Vgl. Johannes 14, 8–9.

seiner Sache bekennen, wissen, daß wir damit sofort Gegenstand großer Aufmerksamkeit werden, wenn vielleicht auch nur in der Stille. Dann kommt alles darauf an, ob wir *leuchten*. Dann kommt alles darauf an, daß unsere Existenz unserer Sache entspricht. In diesem Sinne hat ein großer Zeuge Christi[2] das entscheidende Gewicht darauf gelegt, daß die Vertretung der Sache Christi «existentiell» geschehen müsse, hat sie auch selbst so vertreten und ist damit eine Stadt auf dem Berge geworden, die über die Welt hin und in alle Zukunft hineinstrahlt.

F. Er war jedoch ein großer Geist. Aber wir, die Kleinen?

A. Eine Stadt, die auf dem Berge liegt, mag klein sein, aber sie leuchtet doch weithin und kann nicht verborgen bleiben. So kannst du, klein und bescheiden nach Art und Stellung, das Licht der Welt sein; ich meine: ein Teil des Lichtes, das in Christus aufleuchtet. Darum trachte ein solches Licht zu sein. Stelle das Licht, das dir von Christus her, vom Reiche her geworden ist, nicht unter den Scheffel, sondern auf den Leuchter, daß es allen strahle, die in den Lichtkreis deines Wesens und Tuns kommen. Du bist ein Apostel – bedenke es! Du vertrittst etwas Außerordentliches: vertrete es durch außerordentliches Wesen. Vertrete es nicht durch das, was auch die Welt leisten kann, sondern vertrete es durch etwas, was von anderswoher kommt und dorthin weist.

F. Ist das aber nicht eine Gefahr? Die Gefahr der Schaustellung? Wenn man mit seinem Heiligsten von den Menschen gesehen werden will, gerät man dann nicht in die Art der Pharisäer, die Jesus so sehr tadelt, also in die Heuchelei? Ist es nicht eine Gefahr für die Seele, ein Beispiel und Muster sein zu wollen und zu sollen? Tun nicht viele sogenannte Christen das wirklich und werden damit uner-

---

[2] Sören Kierkegaard.

träglich, stoßen von Gott und Christus ab, statt zu ihnen zu führen? Ist darum nicht das Wort «Euer Licht leuchten lassen» ein Spottwort geworden?

A. Leider. Aber ganz mit Unrecht. Ich übersetze gerade auch darum das «leuchten» durch «strahlen» und übersetze statt: «darum *lasset* euer Licht strahlen» textgemäßer: «Darum *soll* euer Licht strahlen». Im übrigen aber ist zu sagen: Es kommt nicht darauf an, ob wir gesehen werden wollen oder nicht, wir *werden* gesehen, wenn wir die Sache Christi vertreten, und es kommt einzig darauf an, *was* die Menschen an uns sehen. Das müssen wir bedenken. Wir *sind* zur Schau gestellt.

F. Sollten wir das aber nicht gerade vergessen, um unsere Unmittelbarkeit zu wahren und der Heuchelei zu entgehen?

A. Wir brauchen und sollen wohl nicht immer direkt an das Urteil der *Welt* denken, sondern zunächst an das Urteil *Gottes*. Vor Gott aber haben wir die Verantwortlichkeit dafür, wie die Menschen nach uns die Sache Christi betrachten.

Im übrigen aber ist die Auslegung der Welt eine Entstellung, ja Verfälschung dessen, was Jesus meint. Er meint nicht, daß wir diese schönen Werke (so heißt es: «schön», nicht bloß «gut») tun sollen, um selbst von den Menschen Ruhm zu erlangen, sondern daß wir sie tun sollen um *Gottes* willen, zu *seiner* Ehre; daß wir mit unserer Sache Ernst machen sollen in unserem ganzen Sein und Tun; daß wir in Allem anders sein sollen als die bloßen Vertreter der Welt. Wir sollen das Heilige nicht bloß in unserm Innern tragen. Auch das Außen soll davon Zeugnis geben. Das Innen kann sich ja nur durch das Außen kundtun. Es wird uns ein Wort Jesu berichtet, das nicht im Neuen Testamente steht und das auf die Frage: «Wann ist das Reich Gottes gekommen» antwortet: «Wenn das Äußere geworden ist wie das Innere und das Innere wie das Äußere.» Wenn aber das Innere nicht ins Äußere tritt, so erstirbt es nach und nach selbst. Denn was geschieht mit einem Lichte, das man unter den Scheffel stellt? Wird es nicht trüber werden und zuletzt ersticken? Umgekehrt aber wird das Innere gestärkt und vermehrt, wenn es auch ins Äußere tritt. Die Flamme leuchtet dann im Sauerstoff des Lebens Gottes auf. Eine Überzeugung und Gesinnung gewinnt mächtig an Kraft, wenn sie sich in Wort (in rechtem Wort) und Tat äußert. Die Flamme wächst durch die Flamme. Glaube, Liebe, Hoffnung, sie alle werden stärker durch die Aussprache, die Kundgebung; die beste Art der Äußerung und Kundgebung aber ist die Tat. Und je mehr Salzkraft sie hat, desto stärker strahlt sie. Das Salz im geistigen Sinne hat die Kraft, die Flamme zu mehren. Die stärkste Form dieses Salzes aber ist das Leiden um der Wahrheit willen, die Tat des Mutes und der Liebe, die nicht von *dieser* Welt sind.

F. Aber können wir denn «*schöne Werke*» tun? Geht das nicht über die Kraft des Menschen? Haben nicht Paulus und die Reformatoren gerade dieses Abstellen auf die Werke bekämpft und dafür den *Glauben* betont?

A. Christus ist mehr als Paulus und die Reformatoren. Diese wollten freilich auch nicht die Werke einfach unterdrücken (und noch viel weniger Paulus), sondern nur die Werke des bloßen Gesetzes, und die Quelle für die rechten Werke öffnen. Darin sind sie aber *einseitig* geworden und haben damit schweren Schaden gestiftet. Wir müssen darum auf Christus zurückgehen. Auch die «schönen Werke», die er meint, sind nicht Werke des Gesetzes, sondern stammen aus der rechten Quelle, aus Gott. Aber wir können und sollen solche Werke tun. Er sagt es und verlangt es. Wir können sie tun vom Reiche aus und sollen es. Wir tun sie, wenn es uns mit dem Reiche Ernst ist – wenn wir das Reich *haben*.

Und damit erst vertreten wir die Sache richtig. Jesus hat

dafür noch einen allerhöchsten Ausdruck: Also soll euer Licht strahlen vor den Augen der Menschen, auf «daß sie eure schönen Werke sehen *und euern Vater im Himmel preisen*». Das ist das offene Geheimnis: Wo die Menschen solche «schönen Werke» sehen, sei's im Kleinen, sei's im Großen, da werden sie dadurch zu Gott geführt. Mehr als durch alles andere. Wo das Außerordentliche geschieht, das durch die Kräfte der Welt nicht erklärt werden kann, da wird darin Gott offenbar. Nicht Worte, Predigten («Verkündigung des Wortes Gottes» genannt), Betrieb, auch nicht bloß Bibellesen und Bibelerklären führen zu Gott, sondern Taten des Glaubens und der Liebe, die aus Gott fließen, das Strahlen der Güte und Reinheit, eine hohe und freie Menschlichkeit, ein bedeutsamer Gegensatz zum Wesen der Welt, sind die rechte Verkündigung. *Taten* sind das rechte Wort Gottes. Durch Taten redet er, und durch Taten sollen wir von ihm reden. Die Welt ist trotz ihrem Unglauben und ihrem Widerspruch gegen Gott doch auch wieder zum Glauben geneigt. Sie kann einfach nicht dem Göttlichen widerstehen, wo es in *Verkörperung* auftritt. Sie muß darin, ob sie auch widerstrebe, den Vater im Himmel preisen. Welch ein Aufsehen erregte ein Tolstoi, als ein Graf, ein Millionär, ein weltberühmter Schriftsteller plötzlich all das aufgab um Christi willen! Und einst ein Franziskus, der Ähnliches tat! Und dann ein Gandhi! Ein Kagava! *Schaffet eine Welt der Gerechtigkeit des Reiches Gottes und die Menschen werden an Gott glauben.*

Das ist der Auftrag der Jünger und der Gemeinde. Zum Reiche gehört die Nachfolge.

DIE REVOLUTION DER MORAL

1. Die neue Gerechtigkeit und das Gesetz

F. Soll diese Revolution des Reiches Gottes, diese Umdrehung um hundertachtzig Grad, eine Auflösung aller bisherigen Religion und Moral sein?

A. Jesus antwortet zunächst:

«Meinet nicht, daß ich gekommen sei, das Gesetz oder die Propheten aufzulösen! Ich bin nicht gekommen, um aufzulösen, sondern um zu erfüllen. Wahrlich ich sage euch: Bis Himmel und Erde vergehen, wird kein Jota und kein Häkchen von dem Gesetze vergehen, bevor alles erfüllt ist. Wer eines von diesen kleinsten Geboten auflöst, und so die Leute lehrt, wird der Kleinste im Reiche Gottes heißen; wer sie aber tut und lehrt, wird Groß heißen im Reiche Gottes. Ich sage euch aber: wenn eure Gerechtigkeit nicht weit über die der Schriftgelehrten und Pharisäer hinausgeht, werdet ihr nicht in das Reich Gottes eingehen.» (5, 17–20.)

F. Was ist hier mit *Gerechtigkeit* gemeint?

A. Das sei nun vollständiger erklärt. Es ist damit mehr gemeint, als wir mit diesem Ausdruck zu verbinden pflegen. Er umfaßt *alles, was vor Gott recht ist*, nicht nur das Recht, sondern auch die Liebe, dazu die Reinheit, die Wahrheit, die Freiheit, die ganze sittliche Haltung der Menschen, wie wir sagen. *Es ist das Grundwort der Bibel.* Diese verkündet nichts anderes als das Reich Gottes und seine Gerechtigkeit für die Erde. *Sie* lehrt Moses, *sie* predigen und weissagen die Propheten, sie vertritt Christus.

F. Wer aber sind die Schriftgelehrten und Pharisäer?

A. Die Schriftgelehrten sind das, was wir *Theologen* nennen und zwar besonders soweit sie die Bibel auslegen, die Pharisäer aber das, was wir unter den *Frommen* verstehen. Beide halten das Gesetz mit äußerster Strenge. Sie sind gewöhnlich in *einer* Person vereinigt, wenn auch in verschiedenen Mischungen.

F. Inwiefern soll die Gerechtigkeit der Jünger Christi weit über die der Theologen und Frommen hinausgehen?

A. Weil diese eine des *Gesetzes* ist.

F. Was soll das heißen?

A. Dieses Gesetz ist die eine Hauptantwort auf die Frage, was recht ist, oder wie wir unser Leben sittlich ordnen sollen. Es ist ein System von Regeln für unser Verhalten. Bei den Juden war es das Gesetz Mosis, das in den zehn Geboten gipfelt, samt den autoritativen Erklärungen der Schriftgelehrten, bei uns ist es das, was wir *Moral* oder auch das *Gute* nennen. *Jesus aber hebt die Moral auf.*

F. Inwiefern soll diese nicht genügen?

A. Sie genügt nicht, weil sie dem Gebot des Guten *Grenzen* setzt. Die Schriftgelehrten redeten von einem «Zaun» des Gesetzes. Einen solchen Zaun bedeutet das Gesetz immer, *jedes* Gesetz. *Dieser Zaun soll das Böse abhalten, aber er hält auch das Gute ab.*

F. Inwiefern?

A. Eben durch den Zaun selbst. Das Gesetz schließt auch das Gute in einen Zaun ein. Was jenseits dieses Zaunes liegt, gehört nicht mehr zum Bereiche des Guten oder der Forderung Gottes. Es wird vernachlässigt. Es wird sittlich neutral. Es wird Niemandsland. Es erhält, wie in einer gewissen Theologie das politische und soziale Leben, eine «Eigengesetzlichkeit», das heißt: es wird dem Weltgeist und dem Fürsten dieser Welt überlassen. Wenn man befolgt, was im Zaun des Gesetzes eingeschlossen ist, sei's christliche, sei's bürgerliche Moral, dann ist man *gerecht. Dadurch bekommt das Böse ein weites Feld.*

Dem kommt ein anderer Mangel des Gesetzes zu Hilfe: Das Gesetz kann sich seinem Wesen nach nicht nur mit den Hauptsachen oder *der* Hauptsache begnügen, sondern muß sich auch mit allerlei *kleinen Dingen* befassen. Dadurch geht leicht die rechte *Proportion* verloren. Die kleinen Dinge lenken von den großen ab; es entsteht die Gefahr, daß die großen klein werden und die kleinen groß. Es entsteht dann, nicht nur in der Religion, das, was Jesus den Schriftgelehrten und Pharisäern vorwirft: «Wehe Euch, ihr Schriftgelehrten und Pharisäer, ihr *Heuchler*, die ihr Minze, Dill und Kümmel verzehntet, aber das Schwerere im Gesetz auf der Seite lasset: Recht, Barmherzigkeit und Treue. Ihr blinden Führer, die ihr Mücken seihet und Kamele verschlucket.»[1].

Daraus entsteht ein weiterer Mangel des Gesetzes: Seine Regeln kann man, weil sie *begrenzt* sind, *ganz* erfüllen. Man kann sich wenigstens einbilden, es zu tun. Es ist das umso leichter möglich, als das Gesetz nur nach der Tat frägt, nicht nach der Gesinnung, aus der sie fließt – was eine besonders häufige Form der Heuchelei wird. Jesus sagt davon: «Wehe euch, ihr Schriftgelehrten und Pharisäer [ihr Theologen und Frommen], die ihr das Äußere des Bechers und der Schüssel rein haltet, inwendig aber seid ihr voll Raub und Unreinheit.»[2]. Infolge dieser Meinung, man erfülle das Gesetz, tritt in der Seele eine Sattheit oder Verhärtung ein, welche fast immer die Folge des Besitzes ist: die *Selbstgerechtigkeit*, sei's die der Frommen, sei's die der Weltmenschen. Jene sind in ihren eigenen Augen gerecht vor *Gott*, weil sie sein Gebot verwirklichen, diese gerecht vor der *Welt*, weil sie die bürgerliche Moral beobachten. Diese Selbstge-

[1] Matthäus 23, 23–24.
[2] Matthäus 23, 25.

rechtigkeit bekämpft Jesus vor allem. Sie ist ein Hauptfeind Gottes und der Menschen; denn sie hebt jene Armut auf, ohne die man Gott und sein Reich nicht haben kann, und verstopft damit die Quelle des Guten.

Das Gesetz leidet aber noch an einem andern Hauptmangel: Es macht *unfrei*. Denn es kommt mit seinem Gebot *von Außen* an den Menschen heran. Seine Maßstäbe sind konventionell oder bloß auf den Nutzen angelegt, nicht auf das wahrhaft Gute. Auch daraus entsteht Heuchelei. Jedenfalls arger Zwang. Und neben der Unfreiheit *Freudlosigkeit*. Denn man befolgt das Gesetz, weil man *muß*, aber ungern. Daraus entsteht eine sauerseherische, unfreundliche Art und viel Härte. Gerade weil man, bewußt oder unbewußt, das Gesetz als Zwang und Last empfindet, es aber doch übt, weil man *muß*, oder glaubt zu müssen, fordert man seine Befolgung mit doppelter Strenge, ja Schärfe, so recht mit Lust, von Andern. Das hat dann zur Folge, daß diese entweder selbst auch so werden: daß sie verkrüppeln, pedantisch, seelenängstlich werden, oder dann das Gesetz abwerfen, frech und zügellos werden. Aller Pharisäismus erzeugt entweder *Moralismus* oder *Libertinismus*.

Damit hängt wieder ein Anderes zusammen. Wenn man den Menschen anmerkt, daß das, was sie die Moral oder die Frömmigkeit nennen, aus *dieser* Quelle kommt, dann macht es keinen Eindruck, oder bloß einen aufreizenden. Man spürt, daß das nicht wirklich das Gute ist, weder im göttlichen noch im weltlichen Sinne, sondern eben bloß das Gesetz, das harte, herzlose, schablonenhafte, kleinliche, ungerechte, unwahre, und man spürt vielleicht auch, wie dahinter nicht der Eifer für das Gute oder für Gott steckt, sondern ganz andere Dinge, menschliche, allzumenschliche: Härte, Herrschsucht, Hochmut, Lust am Plagen und Quälen Anderer. Das ist ja das wuchernde Gift, das auf wahrhaft erschreckende Weise unser moralisches und religiöses Leben durchzieht und verderbt und die Menschen von Gott und dem Guten abstößt. Wenn nicht Jesus selbst wäre, so hätte dieses Gift die Sache Christi längst zerstört.

Aber diese Last des Gesetzes kann auch andere Formen annehmen. Während die Selbstgerechtigkeit meint, es ganz zu erfüllen, weil es Grenzen hat, so können Andere dadurch zur *Verzweiflung* gebracht werden, weil sie die Grenzenlosigkeit des Guten erkennen und doch meinen, es könne erfüllt werden und es sei bloß ihre Schuld, daß sie es nicht erfüllten. Sie schauen durch die begrenzten Einzelforderungen des Gesetzes auf die Unendlichkeit der sittlichen Forderung selbst und verzagen – auf diesem Boden mit Recht – an der Möglichkeit, ihr gerecht zu werden. Man denke an Paulus, Luther und so viele Andere.

Aber auch damit ist der Mangel des Gesetzes noch nicht erschöpft. Das Gesetz ist auch *Schablone.* Es kann der Bewegung des Lebens nicht folgen; es vergewaltigt mit seinen Regeln die freie Regung des Guten und es erstickt das Herz in seinem Panzer. Wie der bloße Verstand das Individuelle und sein Recht nicht versteht, sondern bloß die Intuition dazu imstande ist, so ist auch das Gesetz, das stark ein Kind des Verstandes ist und jedenfalls leicht zur Verstandesmäßigkeit erstarrt, nicht imstande, der konkreten Situation, dem «Augenblick», gerecht zu werden. Darum sind oft gerade die Bravsten und Ernstesten so wenig gut. Besonders die *Liebe* kommt dabei zu kurz. Denn gerade sie lebt nicht von der Regel, sondern vom Augenblick und von dem Blick des Herzens, das ihn versteht, so wie das Maria in Bethanien tut. Durch die Schablone des Gesetzes aber wird das Leben so unfrei, so unmenschlich und auch ungöttlich, wie es leider ist und nicht am wenigsten in den «christlichen» Kreisen, die eben wesentlich die «Gerechtigkeit der Pharisäer» darstellen.

Dies gilt nicht nur von dem individuellen Verhältnis von Mensch zu Mensch, sondern auch von der Rolle des Gesetzes im *politischen* und *sozialen* Leben. Das Gesetz ist auch hier der Erstarrung ausgesetzt. Es wird auch hier zur Schablone, die dem Leben nicht gerecht wird. Das große Wort Jesu vom Sabbat und vom Menschen wird in sein Gegenteil verkehrt: Der Mensch ist um des Gesetzes willen gemacht und nicht das Gesetz um des Menschen willen. Daher die Erfahrung, die in den Worten «Summum jus, summa injuria» (höchstes Recht, höchstes Unrecht) oder «Fiat justitia, pereat mundus!» (Es walte Gerechtigkeit, mag die Welt darüber zugrunde gehen!) zum Ausdruck kommt; daher die ganz geläufige Verwandlung des Rechtes in Unrecht; daher auch das Wort:

«Es erben sich Gesetz und Rechte
Wie eine ew'ge Krankheit fort;
Sie schleppen von Geschlecht sich zum Geschlechte
Und rücken sacht von Ort zu Ort.
Vernunft wird Unsinn, Wohltat Plage,
Weh dir, daß du ein Enkel bist!
Vom Rechte, das mit uns geboren ist,
Von dem ist leider nie die Frage.»

Auch hier wird das Gesetz so leicht zur Knechtung, statt zur Freiheit. Auch hier gilt das Wort vom Seigen von Mücken und Verschlucken von Kamelen. Auch hier geht ob den vielen Gesetzen das Recht verloren. Auch hier wird das Gesetz nicht nur zum Schutzschild von so viel Menschlichem und Allzumenschlichem, von Mammonsherrschaft, Klasseninteresse und Klassenmacht, und Ähnlichem, sondern auch oft genug zur Sanktion des Unrechts. Und mit alledem zu einer furchtbaren Heuchelei, die eines Tages zu ebenso furchtbaren Revolten führt, wenn nicht eine Revolution Gottes an Stelle dieser pharisäischen Gerechtigkeit die Gerechtigkeit des Reiches Gottes durchbrechen läßt.

Mit diesem Letzten ist auch ein weiterer Mangel des Gesetzes – *allen* Gesetzes! – ausgesprochen. Es ist ein Kind der *Tradition.* Man übernimmt es von Vätern und Vorvätern. Es wird dadurch geheiligt. Wehe dem, der es antastet! Aber darum *veraltet* es auch, paßt nicht mehr auf die neue Lage. So im Leben der Einzelnen, so im Leben der Gemeinschaften. Aus dem Segen der Überlieferung wird ein Fluch, aus Hilfe Fessel. Und was für eine!

Das gilt besonders auch von der Schriftgelehrsamkeit, soweit sie *Bibelauslegung* ist. Es wird Wahrheit und Sittlichkeit aus dem Bibelbuchstaben herausgeholt, nicht aus der lebendigen Bibel selbst. Man blickt, wenn man wissen will, was Gott verlangt, in die Bibel, die auf diese Weise ein Gesetzbuch wird, und geht an dem lebendigen Gott und seiner Gerechtigkeit vorbei. Das ist die verhängnisvolle Wirkung des Bibelgesetzes. Der Buchstabe tötet. Das ist die «Gerechtigkeit der Schriftgelehrten».

F. Gilt das nicht auch von aller *Theologie*, noch abgesehen von der blossen Schriftgelehrsamkeit?

A. Gewiß. Auch das Dogma ist ein Gesetz und die Dogmatik ein Gesetzbuch. Sie sind Erstarrungsprodukte und führen vom lebendigen Gott ab. Es sei betont, daß das damit von der Theologie Gesagte nicht gilt, soweit diese echte und bescheidene *Wissenschaft*, sondern nur soweit sie eine *Geisteshaltung* ist. Aber es wird die Religion in *all* ihren Formen leicht zum Gesetz und damit zu Last und Fluch.

Aus all diesen Gründen versagt der Versuch, die Gerechtigkeit Gottes durch das Gesetz zu erfüllen, wird dieses aus Gottesgebot Menschensatzung, aus Freude und Freiheit Last und Zwang und aus Segen Fluch.

F. Und welches ist denn die «*bessere Gerechtigkeit*»,

die Jesus will und die weit über die der Schriftgelehrten und Pharisäer hinausgeht?

A. Es ist eine Revolution von unendlicher Kühnheit und Tragweite. Ihr Sinn ist einfach: *Die neue Gerechtigkeit fließt aus Gott statt aus dem Gesetz.* Sie ist das Leben aus Gott, dem Herrn und Vater, und zwar dem lebendigen Gott, dem Heiligen und Gütigen. Sein Gebot hat keine Grenze. Es ist *unendlich* und *unbedingt.* Es reicht bis zur Vollkommenheit Gottes hinauf und dringt bis in die letzten Tiefen des Herzens und Gewissens. Damit vertreibt es allen Hochmut und alle Selbstgerechtigkeit und treibt doch nicht zur Verzweiflung. Denn es fließt aus der Gnade des Vaters und wird weitergegebene Gnade. Weil es auf Gott gerichtet ist, den Einen Herrn und Vater, so ist es auf das *Ganze* gerichtet und verliert sich nicht in dem Netz von Kleinigkeiten wie das Gesetz. Auch damit ist eine Quelle der Heuchelei abgegraben. Denn die *Unendlichkeit* des Guten, der wir nie gesetzlich genug tun können, leuchtet damit in die Seele. «Wenn wir alles Gebotene getan haben, sind wir unnütze Knechte»[1]. Auf diese Weise unmittelbar aus Gott strömend ist das Gesetz auch nicht Last, sondern Freude; denn es schöpft frei aus dem Quell des Lebens Gottes, des Heiligen und Guten, und der Gabe seines Reiches. Es ist nicht mehr ein unfreies, sondern ein freies Müssen, es ist ein *Dürfen* und ein *Können*, ein Ausströmen des Empfangenen. Es ist reichsunmittelbar. Es ist nicht an einen religiösen oder sittlichen Kodex gebunden, sondern entspricht dem Gebot des lebendigen Gottes, der durch Herz und Gewissen im *Augenblick* gebietet. Und weil es so aus der Quelle fließt, so wirkt es auch als wirklich Gutes und weist auf die Quelle hin. Es ist an keine Regel gebunden, sondern nur an Gott. Es durchbricht jede Schablone. «Der Sabbat ist um des Men-

[1] Vgl. Lukas 17, 10.

schen willen gemacht, und nicht der Mensch um des Sabbat willen». «Des Menschen Sohn ist ein Herr auch des Sabbats»[1]. Er ist durch keine Tradition geknechtet, sei sie so heilig wie sie wolle. Gott ist nicht der Gott der Toten, sondern der Lebendigen – er ist der da ist, der da war und der da *kommt* – vor allem der da kommt. Auch an den Bibelbuchstaben ist er nicht gebunden, geschweige denn an das Dogma oder ein theologisches System. Die Bibel ist das Lehrbuch des lebendigen Gottes und seines Reiches. Die Religion fesselt, ja knechtet, Gott macht frei. «Wo der Geist des Herrn ist, da ist Freiheit»[2]. Kurz: *Die neue Gerechtigkeit ist das Leben in der Freiheit und Herrlichkeit der Söhne und Töchter Gottes.*

So ist es im individuellen Leben und so im *politischen und sozialen.* Die Orientierung an Gott und seinem Reiche bedeutet auch hier, daß in die Härte des Gesetzes von Gott aus der *Mensch* eindringt, daß er nicht um des Gesetzes willen da ist, sondern das Gesetz um seinetwillen. Sie wendet sich gegen Gewalt und gegen Gewaltstaat oder gar absoluten Staat. Gott schafft Freiheit und Menschenwürde. Gott fordert Gerechtigkeit. Gott strahlt Wahrheit aus, Freiheit, Gleichheit und Brüderlichkeit. Liberalismus, Demokratie, Sozialismus, Kommunismus – alle recht verstanden – sind solche Ausstrahlungen. Auch der Sinn und das Ziel der menschlichen Gemeinschaft ist die Freiheit und Herrlichkeit der Söhne Gottes. Die Religion als Gesetz ist oft genug ein Werkzeug der Knechtschaft, Gott dienen aber ist Freiheit. Das ist – dürftig angedeutet – die neue, die bessere Gerechtigkeit.

F. Ist damit das Gesetz *aufgelöst*?

A. Nein, es ist *erfüllt.*

F. Aber nicht auch aufgelöst?

---

[1] Markus 2, 27–28.

[2] 2. Korinther 3, 17.

A. Es ist in der Auflösung erfüllt und in der Erfüllung aufgelöst. Jesus stellt die große Regel auf: «Ich bin nicht gekommen, aufzulösen, sondern zu erfüllen». Nicht das Kleinste am Gesetz soll bloß aufgelöst werden. Wer bloß auflöst, ist im Reiche Gottes, welches das Reich der Gerechtigkeit ist, der Kleinste; groß sind bloß die Erfüller, die, welche durch Erfüllung auflösen. Alle Revolution und alle Revolutionäre müssen mit diesem Maße auf ihren Wert hin gemessen werden. Nicht geringer soll im Reiche Gottes der Eifer um Gott und der Ernst des Guten sein, sondern unendlich größer, anderer Art, aber weit über das hinausgehend, was das Gesetz fordert. Es darf nur das Neue wollen, wer damit das Alte erfüllen will und kann. Denn das Alte hat auch sein Recht. Die Tradition darf Ehrfurcht verlangen. Nur wer das tief empfindet, darf das Neue fordern, das eben die notwendige Fortsetzung des veralteten Alten ist; nur wer in Angst und Not der Seele mit der Tradition gerungen hat, darf Revolution machen. So hat es Jesus gehalten, so Paulus, so Luther, so Zwingli, so Calvin, so alle Andern. Nur der Konservativste darf und kann der Radikalste sein. Wer am weitesten vorwärtsgehen will, muß am weitesten zurückgehen. Das ist eine Grundordnung des Reiches Gottes.

F. Wäre also die neue Gerechtigkeit eine vorwiegend *konservative* Sache?

A. Sie ist jedenfalls eine sehr *revolutionäre* Sache. Diesen Charakter drückt ja die Losung aus: «*Zu den Alten ist gesagt, ich aber sage euch.*» Das ist ein unerhört revolutionäres Wort. Bedenke, wer die «Alten» sind!

F. Wer denn?

A. Nicht weniger als Moses und seine autoritativen Ausleger. Ihnen stellt sich Jesus frei gegenüber: «Mögen sie dieses oder jenes gesagt haben – *ich* sage euch». Er stellt sich im Namen des lebendigen Gottes der Tradition gegenüber. Er gilt, der lebendige Gott gilt, nicht Moses, nicht die Bibel, nicht die Kirche. Es ist der ewige «Durchbrecher aller Bande».

F. Hat aber Jesus diese Autorität nicht als der, der er ist – als der Christus? Haben auch wir sie?

A. Wir haben sie, soweit wir Er sind – ich meine, soweit wir seine echten Jünger und echte Söhne und Töchter des Reiches sind.

F. Ist das nicht die Linie der Auflösung?

A. Ja, aber als Erfüllung. Denn auch für diese Freiheit gilt diese Ordnung. Es ist die Freiheit aus Gott, dem Herrn und Vater, aber nur *seine* Freiheit, uns geschenkt, nicht die Luzifers. Sie ist Auflösung als Erfüllung. Überall!

F. Hat alles Gesetz als erfülltes keine Bedeutung mehr?

A. Wann ist es ganz erfüllt? *Alles* Gesetz behält Bedeutung als *Mahner* an die Erfüllung, der uns immer wieder vor die Augen treten soll. Es behält seine Bedeutung als *Lehrer*, der uns die Grundordnungen Gottes kundtut. Es behält seine Bedeutung als *Richter*, wenn wir diese Ordnungen übertreten haben. Das Gesetz bleibt sozusagen immer der Anzeiger für das Minimum der an uns gestellten Forderung. Es ist nicht die *obere* Grenze, wie alle Gesetzesdiener meinen, sondern die *untere*; es ist Ausgangspunkt, nicht Endpunkt. Wehe dem, der es vergessen wollte! Nur Gott oben und der Teufel unten sind ohne Gesetz: jener, weil er das Gesetz *ist*, dieser, weil er kein Gesetz *will*.

F. Gilt das von allem Gesetz, auch von seinen Einzelheiten und Kleinigkeiten, ja Kleinlichkeiten? Ist das der Sinn des Wortes Jesu vom Halten der kleinsten Gebote, vom «Jota» und «Häkchen»?

A. Sicher nicht! Jesus meint damit offenbar bloß den heiligen Grundsinn des Gesetzes und betont das mit dem «Jota» und «Häkchen» auf die paradoxe Art, die ihm eigen ist. Und er will uns damit wohl auch mahnen, daß wir auch das Kleine nicht mißachten, weil Sinn darin ist, daß wir es in der Auflösung erfüllen und nur in der Erfüllung auflösen.

F. Es drängt sich hier eine Frage auf: Wie verhält sich diese Auffassung des Gesetzes zu der des *Paulus* auf der einen und zu der *Nietzsches* auf der andern Seite? Besteht da nicht eine gewisse Verwandtschaft und daneben ein gewisser Unterschied?

A. Wir wollen mit *Nietzsche* beginnen. Ich möchte in Bezug auf ihn sagen: Das was Jesus mit dem über das Gesetz Gesagten in göttlicher Klarheit *ausspricht*, ist das, was Nietzsche in viel Irrtum *meint*. Auch Jesus ist Gegner der Moral, aber er ist es von *Gott* aus, während Nietzsche es von der *Natur* aus ist. Jesus ist der *Erfüller* des Gesetzes, während Nietzsche bloß oder doch vorwiegend sein *Zerstörer* ist. Jesus führt in ein Jenseits von Gut und Böse, welches den vollkommenen *Sieg* des Guten bedeutet, Nietzsche in eines, das den Unterschied von Gut und Böse aufhebt. Aber Nietzsche bleibt ein Mahner an Jesus, der Antichrist eine Erinnerung an Christus.

Von *Paulus* aber ist zu sagen: Sein Kampf gegen das Gesetz ist eine Fortführung des Kampfes Jesu und geschieht im gleichen Sinne wie dieser. Auch Paulus führt über das Gesetz und damit über die Moral hinaus, aber auf den Boden des Gesetzes, im Sinne der Erfüllung. Darin unterscheidet er sich auch von Nietzsche.

F. Unterscheidet er sich nicht auch von Jesus?

A. Doch, er unterscheidet sich auch von Jesus. In zwei wesentlichen Punkten. Einmal: Er wird einseitig, gerät ins Theologisch-Systematische hinein und damit in die Nähe des Künstlichen, des Konstruierten, während Jesus in göttlicher Einfachheit verharrt. Sodann: Bei Jesus tritt das Element der *Werke*, die aus dem über dem Gesetze stehenden Leben mit Gott fließen, entsprechend einfacher und mit unvergleichlicher elementarer Gewalt hervor. Darum darf auch Paulus in Bezug auf den Kampf gegen das Gesetz nur ein *Hinweis* auf Jesus sein, nicht ein *Ersatz* für Jesus. Dessen Kampf ist auch hierin so viel bedeutsamer und gewaltiger, als der Meister überhaupt mehr ist als der Jünger. Jedenfalls hat sich nicht die Bergpredigt dem Römerbrief unterzuordnen, sondern, falls es überhaupt zu einer solchen Konkurrenz käme, der Römerbrief der Bergpredigt.

F. Kann man den heiligen Grundsinn des Gesetzes irgendwo zusammengefaßt finden?

A. Gewiß. Am besten in den Zehn Geboten, wenn man sie, wie man soll, tief und umfassend genug versteht. Wohlverstanden: die Zehn Gebote selbst, nicht ihre Auslegung durch die Schriftgelehrten!

F. Sind die Zehn Gebote auch Gesetz?

A. Sie sind Gesetz im *rechten* Sinn. Denn sie enthalten wirklich Gebot Gottes, nicht Menschengebot; sie sind darum Gesetz im lebendigen Sinn, nicht in dem Sinne, den Jesus bekämpft. Er bekämpft das Gesetz, insoweit es Menschensatzung, nicht insoweit es Gottesgebot ist[1].

F. Wie verhalten sich die Zehn Gebote zur Bergpredigt?

A. Die Bergpredigt ist die Erfüllung der Zehn Gebote und nur in ihrer Erfüllung ihre Auflösung.

2. *Gottesdienst und Bruder*

F. Wir haben nun das allgemeine Wesen der falschen und der wahren Gerechtigkeit, der Gerechtigkeit des Reiches Gottes und der Gerechtigkeit der Schriftgelehrten und Pharisäer erörtert; kann es uns an einigen Beispielen erläutert werden?

---

[1] Es sei auf die kurze Auslegung der Zehn Gebote verwiesen, welche der Verfasser unter dem Titel: «*Das Gesetz Gottes*» herausgegeben hat.

A. Das tut Jesus an einigen Hauptpunkten, an den Elementen des sittlichen Lebens.

Zunächst kommt – der Natur der Sache nach – das Problem daran, in was für einem Verhältnis die Gerechtigkeit zu der Beziehung zwischen Gott und Mensch steht.

«Ihr habt gehört, daß zu den Alten gesagt ist: ‚Du sollst nicht töten, wer aber tötet, ist dem Gericht verfallen‘. Ich aber sage euch: Jeder, der gegen seinen Bruder erbittert ist, der ist dem Gericht verfallen; wer aber zu seinem Bruder sagt: ‚Du Bösewicht‘, der ist dem Synedrium verfallen. Wer aber vollends sagt: ‚Du Gottloser‘, der ist der Feuerhölle verfallen‘.»

F. Wie ist das mit dem dreifachen Gericht zu verstehen?

A. Die dreimalige Wiederholung soll, nach der Sprechweise der Bibel, das Gewicht der Erklärung Jesu verstärken. Die drei Gerichte: Landgericht, Obergericht, Gottesgericht sind Bilder.

Aber hören wir weiter:

«Wenn du deine Gabe zum Altar bringst und es kommt dir daselbst der Gedanke, daß dein Bruder etwas gegen dich hat, dann laß deine Gabe vor dem Altar und gehe hin, versöhne dich mit deinem Bruder, und dann komm und bringe deine Gabe dar. Sei recht gesinnt gegen deinen Widersacher, solange du mit ihm noch auf dem Wege bist, auf daß dich nicht der Richter dem Diener übergebe und du ins Gefängnis geworfen werdest. Wahrlich, ich sage dir: ‚Du wirst nicht herauskommen, bis du den letzten Rappen bezahlt hast‘.» (5, 21–26.)

F. Was bedeutet dieser Zusatz?

A. Wir haben in dieser ganzen Stelle die erste Anwendung der Wahrheit vom Charakter des Gesetzes vor uns. Das Gesetz errichtet einen *Zaun.* Es will die Heiligkeit des Lebens schützen und gebietet darum: «Du sollst nicht töten!» Aber es setzt damit auch eine *Grenze. Denn die Heiligkeit des Menschen muß viel tiefer verstanden und empfunden werden.* Sie darf auf *keine* Weise angetastet werden, auch nicht durch den *Haß.* Dieser ist ja schon Tötung. Man kann auf allerlei Weise und noch auf schlimmere Art den Menschen töten als durch Schwert oder Kugel. Wir sollen von Gott, dem Herrn und Vater aus, in der Empfindung tiefster, unbedingter *Verbundenheit* mit dem Bruder und der *Verpflichtung* gegen ihn leben. Diese Verpflichtung gegen den Bruder, dieses Gefühl für das heilige Recht des Vaters, das mit ihm ist, diese Empfindung unserer Verbundenheit mit ihm und der daraus erwachsenden Verantwortlichkeit gegen ihn ist das Wesen dessen, was wir *Liebe* nennen. Die Gewalt dieser Verbundenheit und Verpflichtung wird durch das Bild vom Opfer und dem Altar eindringlich ausgedrückt.

F. Ist es ein Bild?

A. Ja. Und es hat eine gewaltige Bedeutung. Bedenke: Das *Opfer* war die heiligste Handlung, die es für einen frommen Israeliten gab. Sie war für ihn in gewissem Sinne noch heiliger als für den frommen Protestanten das Abendmahl und für den frommen Katholiken die Messe. Und doch sagt Jesus: «Laß das Opfer vor dem Altar warten, wenn dir dort – *erst* dort, oder doch erst recht *klar* – in den Sinn kommt, daß dein Bruder etwas gegen dich hat und zwar etwas Ernsthaftes. Gehe vom Abendmahl oder von der Messe (der Kommunion) weg, wenn schon der Pfarrer dir das Brot und den Wein oder der Priester die Hostie reicht, und bringe die Sache mit deinem Bruder in Ordnung.» Darin ist bildhaft ein fundamentales Prinzip ausgesprochen: *Zuerst die Gerechtigkeit, dann der Kultus*! Gottesdienst ist Menschendienst, das rechte Opfer ist die Erfüllung der Verpflichtung gegen den Bruder. Dieses Prinzip ist schon im Alten Testament, bei Moses durch den ganzen Geist seines Gesetzes und bei den Propheten in ausdrücklichen Worten und flammenden Reden, ausgesprochen, Jesus aber spitzt es besonders auf die Liebe zu.

Diese Verpflichtung und ihre Erfüllung ist das wesent-

liche Element aller Beziehung zu Gott und den Menschen. Wehe, wenn du sie nicht erkennst und erfüllst! Wehe, wenn du gegen die Liebe sündigst! Das wird zum schweren Gericht über dich. Das kann deine Seele nicht vergessen. «Du mußt den letzten Rappen bezahlen.» Du wirst besonders an Gräbern deine Schuld furchtbar empfinden, wenn es zu spät ist – zu spät! Darum bringe dein Verhältnis zum Bruder in Ordnung, solange du noch mit ihm auf dem Wege bist. Gib ein wirkliches oder scheinbares Recht auf und sei bereit, Frieden zu schaffen, soweit es an dir liegt und es vor Gott erlaubt und recht ist. Dann erst kannst du vor Gott treten. Denn man kann nicht vor den heiligen Gott treten, wenn man dem Nächsten Unrecht tut. Man kann nicht vor den Vater treten, wenn man die Pflicht gegen den Bruder nicht anerkennt und übt. «Selig sind die Barmherzigen; denn sie werden Barmherzigkeit empfangen.»

Und was von dem Verhältnis des Einzelnen zum Einzelnen gilt, das gilt auch vom Verhältnis der *Völker* zueinander. Wo sie die gegenseitige Verpflichtung mißachten, an die Stelle der Solidarität die Selbstsucht, an die Stelle des Dienens das Herrschen, an die Stelle der Ehrfurcht vor dem heiligen Rechte des Menschen und Bruders die Gewalt und Ausbeutung, an die Stelle der Seele die Maschine, an die Stelle Gottes den Mammon setzen, da erfolgt das Gericht, das zum Weltgericht wird. Auch für die Völker wie für die Einzelnen gilt das Gleichnis vom Weltgericht. Nicht Kultus, sondern Gerechtigkeit! Nicht Religion, sondern Gott und sein Reich! Nicht der Altar, sondern der Bruder!

F. Wer ist der Bruder?

A. Von Gott, dem Vater, aus jeder Mensch. Der Nächste ist jeder, dem wir begegnen.

F. Darf man dem Bruder wirklich nicht «*zürnen*», wie

man ja gewöhnlich übersetzt, oder gegen ihn sogar «erbittert» sein, wie Sie übersetzen? Man kann ihm ja zürnen, weil er auf falschen Wegen ist.

A. *Dieses* «Zürnen» ist gewiß erlaubt. Gott selbst zürnt ja, und Jesus zürnt. «Erbitterung» ist schon gefährlicher. Jedenfalls darf es nur Schmerz sein über das durch den Andern gestörte Verhältnis, über seine Verstrickung in Unrecht und Schuld. Aber es muß geprüft werden, ob nicht auch eigene Schuld im Spiele ist. Vor Gott dem Vater schmilzt alle «Erbitterung» dahin und vergeht alles *falsche* «Zürnen.»

F. Gibt es nicht auch einen erlaubten *Haß*, ja sogar einen *heiligen* Haß?

A. Gewiß gibt es einen solchen, und nicht nur einen erlaubten, sondern auch einen gebotenen. Gott selbst haßt ja das Böse, und Jesus haßt es. Es *gibt* einen heiligen Haß. Aber achten wir darauf, daß unser Haß durch *Gott* geheiligt sei. Geboten ist nur der Haß gegen das Böse, nicht gegen *den* Bösen, der auf das Retten, nicht auf das Töten gerichtete. Jeden andern Haß verbietet Gott, der Herr und Vater. Du erkennst es deutlich, wenn du vor ihn trittst.

F. Wäre denn auch der *Krieg* verboten? Und die *Todesstrafe?*

A. Sicher. Wie könnte das anders sein? Ein Jünger Christi darf und kann nicht töten. Auch nicht den sogenannten Feind, auch nicht den sogenannten Verbrecher.

F. Gilt denn ein solches Verbot auch für das *politische* Leben und nicht bloß für das zivile?

A. Die Bergpredigt ist nicht bloß die magna charta des privaten Lebens, sondern die des Reiches Gottes.

F. Aber sie redet stets so individualistisch?

A. *Jedoch immer auf dem Hintergrund des Reiches, unter der Voraussetzung des Reiches.* Jesus sagt ja später ausdrücklich: «Trachtet am ersten nach dem Reiche Gottes und seiner Gerechtigkeit». Das Reich Gottes aber ist nicht eine private Angelegenheit, sondern eine umfassende Ordnung. *Das «Du» der Bergpredigt ist wie das der Zehn Gebote, immer an die Gemeinde Gottes gerichtet.*

F. Aber ist nicht im *Alten Testament* Krieg und Todesstrafe erlaubt?

A. Nur teilweise. Ihre Aufhebung wird gefordert, und zwar besonders die des Krieges. Denken wir an die Friedensweissagung in Jesaia 2, 9, 11 und Micha 4. Und das Wort: «Gott will nicht den Tod des Sünders, sondern daß er sich von seinem bösen Wesen bekehre und lebe»[1]. Auf alle Fälle ist das Neue Testament die Aufhebung des Alten durch die Erfüllung. «Ich aber sage euch!» In der üblichen Argumentation, die für das Recht des Krieges und der Todesstrafe aufgeboten wird, haben wir ein klassisches Beispiel für die Gerechtigkeit der Schriftgelehrten und Pharisäer, welche die Gerechtigkeit Gottes verdunkelt, den Menschen in die Irre führt und dem Reich des Bösen dient, das Reich des Bösen sanktioniert.

F. Aber gilt die Bergpredigt nicht bloß für die, welche Jünger Christi sein wollen? Wie kann man denn ihre Erfüllung von solchen verlangen, bei denen das doch nicht der Fall ist? Sie ist die magna charta des Reiches Gottes, aber doch nicht der Politik?

A. Auch die Politik soll dem Reiche Gottes untertan werden. Die Bergpredigt wird zunächst gewiß bloß von den Jüngern und der Gemeinde Christi verstanden und anerkannt, aber die Gemeinde Christi soll die Welt erobern – auf *ihre* Art. Was Gottes, des Herrn und Vaters, Ordnung ist, muß auch die Ordnung der Welt werden. Die Jünger und die Gemeinde sollen dafür das Salz der Erde und das Licht der Welt sein.

---

[1] Ezechiel 18, 23.

F. Bringt sie das nicht in einen Gegensatz zur Welt?

A. Das soll eben sein. Sie sind ja nicht Zucker oder Butter, sondern Salz der Erde. Das führt sie in Kampf, Leiden, Martyrium. Damit aber überwinden sie die Welt. Ihr Zeichen ist nicht das Schwert, sondern das Kreuz.

F. Ist die politische Tragweite dieses Wortes Jesu auf den Kampf gegen Krieg und Todesstrafe beschränkt?

A. Bei weitem nicht. Unendlich nicht. Es drückt die unendliche Solidarität der Gemeinschaft in Schuld und Vergebung, in Verantwortung und Hilfe aus. Es weist auf ein neues Völkerverhältnis hin, das im heiligen Recht des Menschen und Bruders begründet ist, auf eine Bruderschaft der Völker vor Gott und in Gott, dem Vater, worauf allein der Friede ruhen kann, der allen Krieg vernichtet. Das Nichttöten erweitert sich zu einer umfassenden Pflicht der Sorge für das Leben, das seelische wie das körperliche, aller Brüder. Das ist die Erfüllung des Gebotes: «Du sollst nicht töten!»[1]

F. Heben die Losungen: «Gottesdienst ist Menschendienst» und «Zuerst die Gerechtigkeit, dann der Kultus!» den *Kultus* auf?

A. Keineswegs! Nur *zuerst* die Gerechtigkeit! Aber ein Kultus im Sinne der Bergpredigt müßte der Gerechtigkeit des Reiches Gottes *dienen* und ganz und gar an ihr orientiert sein.

3. Die Reinheit

Das zweite Beispiel ist ebenso fundamental wie das erste. Es fließt eigentlich aus ihm.

«Ihr habt gehört, daß gesagt ist: ‚Du sollst nicht ehebrechen'. Ich aber sage euch, daß jeder, der begehrlich auf ein Weib blickt, mit ihr schon die Ehe gebrochen hat in seinem Herzen. Wenn aber

[1] Vgl. über die «*Unendliche Schuld*» das Buch von *Leonhard Ragaz:* «Die Gleichnisse Jesu».

dein rechtes Auge dir Versuchung bereitet, so reiße es aus und wirf es von dir. Es ist besser für dich, wenn du eines deiner Glieder verlierest, als daß dein ganzer Leib in die Hölle geworfen werde. Und wenn deine rechte Hand dir Versuchung bereitet, so haue sie ab und wirf sie von dir. Denn es ist besser für dich, wenn eines deiner Glieder verloren geht, als wenn dein ganzer Leib in die Hölle geht. Es ist weiter gesagt: ‚Wer sein Weib entläßt, der gebe ihr einen Scheidebrief'. Ich aber sage euch: Jeder, der sein Weib entläßt, es sei denn wegen Ehebruch, macht sie zur Ehebrecherin, und wer eine Entlassene heiratet, bricht die Ehe.» (5, 27–32.)

F. Wie ist das in diesem Zusammenhang zu verstehen?

A. Wir haben vor uns eine zweite Anwendung des revolutionären Prinzips der neuen Gerechtigkeit. Eines der Zehn Gebote heißt: «Du sollst nicht ehebrechen.» Das ist eine Grundordnung Gottes. Aber in der *gesetzlichen* Auslegung wird es innerlich aufgehoben. Es verliert seine Unendlichkeit und Unbedingtheit. Wieder wird ein Zaun um eine sittliche Grundordnung gezogen. Nur was innerhalb des Zaunes ist, gilt als Gebot; was außerhalb ist, gilt als Freiland. Die Ehe soll, formell, nicht gebrochen werden, aber erlaubt ist, auf ein fremdes Weib begehrliche Blicke zu werfen. Die Ehe soll gehalten werden, formell, so lange sie besteht, aber sie darf leichthin aufgelöst werden. Es genügt hiefür eine gesetzliche Form. Mit andern Worten: der Ehebruch wird erlaubt, wenn nur die gesetzliche Form gewahrt wird. Und das heißt: diese gesetzliche Form sanktioniert geradezu den Ehebruch.

F. Aber wie soll es denn sein?

A. Es ist auch hier wie im ersten Beispiel. Das Gesetz ist Menschenwerk; an seine Stelle soll das Leben aus Gott treten, die Orientierung an Gott, dem Herrn und Vater.

F. Was bedeutet das in diesem Falle?

A. Das bedeutet sehr viel. Es bedeutet, daß Gott das Weib wie den Mann geschaffen hat, und daß es damit ein unantastbares Heiligtum wird. Es bedeutet, daß Gott die

Ehe geschaffen hat, daß der Mensch aus Mann und Weib besteht. Es bedeutet, daß sie die Schöpfung fortsetzen sollen, daß daraus die Familie entsteht, welche die Zelle und Grundform des Reiches Gottes bildet. Es bedeutet, daß nur unter dieser Voraussetzung die Ehe geschlossen werden, Mann und Weib eine Einheit werden dürfen. Es bedeutet, daß sie es nur dürfen vor dem heiligen Gott, der unser Schöpfer und Vater ist. Von hier aus wird alles heilig. Auch Zeugung und Geburt. Darum ist die Ehe nur in Achtung und Liebe möglich und kann nur in der Furcht und Liebe Gottes recht geführt werden. Darum ist die Ehe ein Sakrament und nur als solches echte Ehe. Darum auch ist die Ehe etwas *Ausschließliches*. Die Einehe ist die Forderung des Einen Gottes. So sagt es Jesus im 19. Kapitel des Matthäus.

F. Woraus entsteht denn der Ehebruch?

A. Wie alle Sünde: aus der Entfernung von Gott. Die ursprüngliche Todesfrucht des Abfalles von Gott ist die *Gier*. Wer Gott hat, der hat Genüge. Sein Hunger und Durst nach dem ewigen Leben ist gestillt. Wer aber Gott nicht hat, begehrt die Welt. Er sucht nicht das Eine, sondern das Viele. Er bekommt nie genug. Er trachtet nach Glück, Ehre, Macht, Genuß. Er trachtet besonders nach Geld. Er trachtet vor allem auch nach dem Weibe. Er begehrt es mit den bloßen Sinnen, ohne die Voraussetzung von Achtung und Liebe. Das Weib wird aus Person zur Sache. So entsteht die Vielweiberei – sie entspricht den vielen Göttern der Heiden. Weiter auf dieser Linie geht es zur Hurerei. Götzendienst und Hurerei sind immer verbunden. Götzendienst ist Hurerei, weil Abfall von dem Einen Gott, und Hurerei ist Götzendienst, weil Dienst der Venus (in Israel der Astarte), während Ehe Dienst des Einen Gottes ist. Vom Einen Gott geht die Eine Ehe aus. Das Weib ist heilig, ist Person. Und so der Mann. Das

Weib kann nur in der Einehe heilig sein, Person sein, und ebenso der Mann; jede Form der geschlechtlichen Vereinigung von Frau und Mann außer der Ehe ist Entheiligung von Frau und Mann. Die Ehe ist ein Sakrament und nur als Sakrament Ehe. Unzucht ist Ehebruch, vor der Ehe, in der Ehe (es gibt auch solche!), außer der Ehe und nach der Ehe.

F. Ist das *Sakrament* also im katholischen Sinn zu verstehen?

A. Es ist zu verstehen als die Heiligung der Schöpfung durch Gott und sein Reich.

F. Macht die *Trauung* die Ehe zum Sakrament?

A. Sie *macht* sie nicht zum Sakrament, aber sie bestätigt sie als Sakrament.

F. Gibt es dafür eine notwendige Form?

A. Die notwendige Form ist Gott und sein Reich; was an menschlicher Form dazukommt, muß von dort aus orientiert sein. Das alles wird sich nur erfüllen in dem Maße, als Gottes Reich kommt. Dieses ganze besonders tief verderbte und entartete Lebensgebiet kann überhaupt nur in dem Maße gesunden, als neue Kräfte des Reiches Gottes in dasselbe strömen.

F. Ist das nicht eine strenge Auffassung des Verhältnisses von Mann und Weib und von der Ehe?

A. Die Gerechtigkeit des Reiches Gottes muß über die bürgerliche Moral hinausgehen – ins Unendliche und Unbedingte. Sie darf nicht am Gesetz orientiert sein, sondern nur an Gott, dem Herrn und Vater. Aber selbstverständlich auch nicht an der Welt mit ihrer Sinnlichkeit und Leichtfertigkeit. Wer die Frau vor Gott dem Herrn als dessen Geschöpf und im Vater als Schwester empfindet, darf und kann nicht damit zufrieden sein, daß er nicht im groben Sinne mit ihr die Ehe bricht. Er darf ihrer auch nicht begehren, darf sie nicht dadurch zur Sache erniedrigen, darf sie auch nicht durch Gedanken entheiligen. Er hat sonst schon die Ehe mit ihr gebrochen. Weib und Mann müssen in der Ehe und außer der Ehe anders zu einander stehen.

F. Aber ist das nicht schwer? Wie kann man es halten?

A. Die Antwort ist im Grundsatz leicht. Es kann von dort aus gehalten werden, woher das Gebot kommt: von Gott, dem Herrn und Vater, aus. Wie die Gier aus dem Abfall von ihm stammt, so die Überwindung der Gier aus der Zukehr zu ihm, aus der Furcht – der *echten*! – vor ihm, aus der Liebe zu ihm, aus dem Gehorsam gegen ihn, aus dem Leben aus ihm.

Der eine Gott wirft alle Götzen nieder, auch die, welchen die Unzucht dient. Er, der Allreiche, löscht die Gier aus, weil er den Hunger und Durst der Seele stillt. Er, der Heilige, macht Mann und Frau und Ehe heilig. Seine Furcht ist der rechte Zaun um sie herum. Die wahre Liebe, die Liebe Gottes zu uns und unsere Liebe zu ihm, vertreibt alle falsche Liebe. Gottes Reich und seiner Gerechtigkeit zu dienen füllt die Seele aus und läßt keinen Raum für die Götzen und ihre Versuchung. Dem Trachten nach dem Reiche Gottes und seiner Gerechtigkeit fällt auch die rechte Reinheit zu. In diesem Lichte werden Mann und Frau das, was sie sein sollen. Nicht der Zaun des Gesetzes hält von der Verführung der Schlange ab, sondern Gott allein, der Herr und Vater. Christus allein vertreibt die Dämonen. Das Reich allein erlöst Mann und Frau und ihre Ehe.

F. Was bedeutet aber das Wort von dem *Ausreißen des rechten Auges* und dem *Abhauen der rechten Hand?* Es kann doch nicht wörtlich gemeint sein? So streng kann Jesus doch nicht sein?

A. Es ist viel strenger, als wenn es bloß wörtlich gemeint wäre! Die Wörtlichkeit wäre leichter zu erfüllen, hierin wie in allem. Was aber die Strenge betrifft, so ist sie die des Arztes, der tief schneidet, um zu heilen. Denn wenn das Begehren den Menschen beherrscht, so wird es zu seiner Hölle für Leib und Seele. Darum muß der Schnitt unerbittlich bis auf die tiefste Wurzel der Begierde gehen. Darum muß das Liebste geopfert werden, wenn es zur Versuchung wird, wenn es «Ärgernis» schafft. Das ist Operation zur Gesundung. Die Strenge Jesu ist Milde; sie rettet. Die Strenge des bloßen Gesetzes aber schafft bloß Not und Heuchelei und stärkt die Begierde. Nur Furcht und Liebe Gottes löschen sie aus, zerstören ihre Wurzel. Versuche es!

F. Sollen wir also die, welche in diesem Punkte fehlen, sehr streng verurteilen, ja verdammen?

A. Man darf grundsätzliche Strenge gegen die Sünde nicht mit hartem Urteil über den Sünder verwechseln. Nur die aus dem Gesetz entstehende, stark mit Heuchelei behaftete Gesinnung ist verdammungssüchtig, die gegen sich selbst gerichtete, ehrliche Strenge aber ist Milde. Die Pharisäer verdammen die Ehebrecherin, der Heilige aber spricht zu ihnen: «Wer unter euch sich ohne Sünde weiß, der werfe den ersten Stein auf sie!» Und zum Weibe: «Gehe hin und sündige hinfort nicht mehr!»[1] Auch ist es hochbedeutsam und vom durchschnittlichen Christentum sehr wenig verstanden, daß Jesus bei allem schweren Ernst seiner Beurteilung der geschlechtlichen Dinge doch Sünden der Sinne für weniger arg hält als Sünden des Geistes und die Dirnen dem Reiche Gottes näher sieht als die Pharisäer und Schriftgelehrten.

F. Aber kann durch die Strenge Jesu nicht ein Geist ängstlicher Unfreiheit in das Verhältnis von Mann und Frau kommen?

A. Im Gegenteil. Das *Gesetz* zwar macht unfrei. Es erzeugt das Begehren und führt zur Heuchelei. Von Gott aber kommt die Freiheit. Die Freiheit vertreibt auch das Begehren,

---

[1] Vgl. Johannes 8, 1 ff.

macht das Verhältnis von Mann und Frau rein und wahr. «Wo der Geist des Herrn ist, da ist Freiheit[2].» Auch zwischen Mann und Frau.

F. Die Einehe allein entspricht also dem Einen Gott und schließt alle zuchtlose Begierde aus. Aber schließt sie auch die *Ehescheidung* aus?

A. Grundsätzlich ja. Der rechten Ehe eignet *Ewigkeit*. Sie ist für immer geschlossen. Nur so ist sie Sakrament.

F. Also wäre auch die *zweite Ehe* ausgeschlossen?

A. Grundsätzlich ja. Die Ehe ist vor dem Einen Gott strenge Einehe.

F. Also hätte die *katholische Kirche* mit ihrem Verbot der Ehescheidung recht?

A. Sie hat auf ihre Weise recht.

F. Also gibt es auch eine andere Weise?

A. Es gibt auch eine *protestantische* Weise.

F. Worin besteht deren Recht?

A. Wie überall darin, daß sie zur katholischen Wahrheit das protestantische Vorzeichen der Freiheit der Söhne und Töchter Gottes setzt, oder anders gesagt, an die Stelle des bloßen Gesetzes die Erfüllung des Gesetzes.

F. Wie ist das gemeint?

A. Auch die Ehe ist in der gesetzlichen Form noch nicht – die Ehe! Die Ehe ist nicht etwas Fertiges. Gott, der Herr und Vater, ist auch der *Lebendige*; er führt seine Schöpfung weiter, er *erlöst* seine Schöpfung. Eine Ehe kann unter Umständen keine Ehe sein. Dann ist ihre Auflösung besser als ihre Beibehaltung. Jesus selbst läßt Ehebruch als Scheidungsgrund gelten. Die Herzenshärtigkeit der Menschen, sagt er, durchbricht das Gesetz Gottes[1]. «Ehebruch» darf aber gerade nach dem Worte Jesu nicht in einem zu begrenzten Sinne verstanden und darum auch der Ehescheidung ein

[1] 2. Kor. 3, 17.
[1] Vgl. Matthäus 19, 3–12.

weiterer Raum zugestanden werden. Damit aber muß selbstverständlich eine neue Eheschließung erlaubt sein.

F. Wer hat denn recht, die katholische oder die protestantische Auffassung?

A. Beide. Und zwar bedeutet die katholische, auf ihre Weise, das *Ideal*. Es muß wieder stärker ins Licht gestellt werden. Die Einehe im strengsten, noch über die katholische Auffassung hinausgehenden Sinne muß neu betont werden, und sie als Sakrament. Aber die Erfüllung muß in der *Freiheit* geschehen, die von Gott kommt.

F. Wie ist diese Erfüllung möglich?

A. Sie ist möglich durch die Kräfte des Reiches. «Im Anfang war es nicht so» – sagt Jesus in der angeführten Stelle. Grundsätzlich gibt es nur die strenge Einehe. Durch die «Herzenshärtigkeit» der Menschen, die von Gott abgekommen, ist es anders geworden; die Erlösung führt, in Erhöhung, zum «Anfang» zurück. Weib und Mann sollen noch in erneuter Schöpfungsherrlichkeit Gottes Ehe verherrlichen.

F. Können sie das nur vereinigt?

A. Ja, nur vereinigt: daraufhin sind sie geschaffen.

F. Also nur in der Ehe?

A. Keineswegs! Durch Christus sind wir von der Gebundenheit der natürlichen Schöpfung erlöst. Weib und Mann können auch ohne die Ehe Gott verherrlichen und sollen es unter Umständen. Es muß nach dem Worte Jesu auch solche geben, «die um des Himmelreichs willen verschnitten sind», so wie er selbst um des Himmelreichs willen ehelos ist. Die *Jungfräulichkeit* bleibt ein hohes Ideal. Sie ist eine Korrektur der Meinung, als ob nur in der Ehe die Erfüllung von Mann und Frau zu finden sei.

F. Sollte also das *Ideal* erstrebt werden und die Ehelosigkeit höher sein als die Ehe?

A. Die Ehelosigkeit soll nicht erstrebt werden, aber sie

soll *angenommen* werden als Berufung oder Schicksal. Sie kann von Gott aus eine besondere Höhe und Freudigkeit des Lebens bedeuten. Sie gewährt eine besondere Freiheit für den Dienst Gottes und seines Reiches. Sie bedeutet eine besondere Verherrlichung Gottes. Sie drückt durch ihr williges, ja freudiges Vorhandensein die Zugehörigkeit der Frau und des Mannes zu Gott allein und darum ihre höchste Freiheit aus. Sie hat darum etwas besonders Königliches.

F. Aber sollen sie nicht *vereinigt* Gott dienen und ihn verherrlichen?

A. Gewiß. Das bedeutet aber nicht: bloß in der Ehe. Das kann auch in der *Freundschaft* bestehen, wozu die Ehelosen besonders berufen sind. Aber es hat auch einen allgemeinen Sinn: als Frau *und* Mann sollen sie Gott verherrlichen. Das tun sie aber auch gerade dadurch, daß Frau und Mann, jeder auf *seine* Weise, es tun. Darum kann gerade die ehelose Frau das ganze Verhältnis von Mann und Frau erhöhen und heiligen. Und jeder Frau wie auch jedem Manne, auch den Verheirateten, soll ein solches Element der Jungfräulichkeit eignen. Dafür ist die Madonna das höchste Symbol. So leuchtet das von Jesus gezeigte und verlangte Verhältnis von Weib und Mann in die ganze Freiheit und Herrlichkeit des Reiches Gottes hinein.

F. Soll es nur in Ehe oder Ehelosigkeit zum Ausdruck kommen?

A. Selbstverständlich nicht; wie könnte es das, wenn es nicht im *ganzen* Leben zum Ausdruck käme? Höhe und Würde der Frau und des Mannes wie des Verhältnisses von Mann und Frau muß in allem Leben des Einzelnen wie der Gemeinschaft erglänzen und ein Hauptprinzip der Umgestaltung des Menschenwesens auf das Reich Gottes hin sein: als neue Gerechtigkeit, als Vorglanz des Reiches Gottes und Bewegung darauf hin.

F. Was ist vom *Frauenrecht* zu halten?

A. Das gleiche Recht der Frau gehört gerade in diesen Zusammenhang. Die Entwürdigung der Frau, deren furchtbarster Ausdruck die Prostitution ist, die aber in allem «Begehren» als Element vorhanden ist, hat zur Ursache, wie dann auch zur Folge, daß die Frau als minderen Rechtes erscheint, daß sie *Sache* ist statt Person.

F. Gilt, was damit von der *Reinheit* gesagt ist, nur für das Verhältnis von Mann und Frau?

A. Das ist nur *ein* Beispiel, wenn auch ein besonders zentrales. Es gilt von allem Leben. Reinheit ist überall da, wo Gott gilt, der Herr und Vater, und nicht die Götzen. Auch Demut, Selbstvergessenheit, Sachlichkeit, im Gegensatz zu Eitelkeit, Suchen seiner Selbst, Ehrgeiz, Eifersucht, Demagogie und Ähnlichem, kommen nie aus dem Gesetz, sei's dem geistlichen, sei's dem bürgerlichen – das ist immer nur ein Zaun –, sondern bloß von Gott, dem Herrn und Vater. Überall muß der unerbittliche Schnitt der ärztlichen Strenge auf die Wurzel gehen: die Gier nach dem falschen Unendlichen, das Begehren nach der Geltung, der Macht, dem Genuß, dem Gelde; überall muß die Gier nach der Welt gestillt werden durch Gottes Leben und Fülle; überall müssen die Götzen gestürzt werden durch den Einen Gott; überall muß ihre Verlockung gebrochen werden durch die Furcht und Liebe Gottes; überall muß das falsche Trachten verdrängt werden durch das *eine* Trachten nach dem Reiche Gottes und seiner Gerechtigkeit. So entsteht überall Reinheit.

Die wichtigste, die fundamentale Form der Reinheit aber ist

4. Die Wahrheit

Darüber sagt Jesus:

«Wieder habt ihr gehört, wie zu den Alten gesagt ist: ‚Ihr sollt nicht falsch schwören, sondern sollt Gott eure Schwüre halten'. Ich aber sage euch: ‚Du sollst überhaupt nicht schwören, weder beim Himmel, denn er ist Gottes Thron; noch bei der Erde, denn sie ist der Schemel seiner Füße; noch bei Jerusalem, denn es ist eine Stadt des großen Königs; noch sollst du bei deinem Haupte schwören, denn du kannst nicht ein einziges Haar weiß machen oder schwarz. Es sei vielmehr eure Rede Ja, Ja, Nein, Nein; was drüber hinausgeht, ist von Übel.» (5, 33–37.)

F. Ist Jesus die *Eid- und Schwurfrage* so wichtig?

A. Sie ist ihm nur der Ausgangspunkt für etwas viel Wichtigeres und Umfassenderes: für die ganze *Wahrheitsfrage*.

F. Was bedeutet denn dieses Beispiel?

A. Auch hier haben wir eine Anwendung des revolutionären Prinzips der besseren Gerechtigkeit. Der Eid oder Schwur ist auch ein *Zaun*, vom Gesetz aufgerichtet. Er soll die Wahrheit des Wortes und der Tat schützen, aber nur für einen bestimmten Ausschnitt des Redens und Tuns. Man bekräftigt diese Wahrheit durch die Berufung auf Gott. Sie ist also innerhalb dieses Bezirkes geheiligt. Dafür aber außerhalb desselben entheiligt, das heißt entwertet. Denn wenn nur das, was innerhalb dieses Bezirkes gesagt wird, unbedingt gilt, so gilt alles Andere nicht unbedingt, jedenfalls nicht in gleicher Stärke. Das ist unerbittliche Logik. Damit wird aber weitaus der größte Teil des Reiches der Wahrheit von Gott ausgeschlossen. Es soll aber *alles* Reden ohne Ausnahme vor Gott geschehen, dem Herrn und Vater, in seiner Furcht und in seiner Liebe. Die Wahrheit ist eine unbedingte und unendliche Verpflichtung; sie ist so unbedingt und unendlich wie Gott selbst.

F. Was bedeutet denn das Wort vom *Nichtschwören* beim Himmel und so fort?

A. So schwuren manchmal die Juden; sie wollten damit Gott ausweichen.

F. Weil sie seinen Namen nicht mißbrauchen durften?

A. Auch darum, aber auch und vorwiegend aus einem

andern Grunde. Sie machten Unterschiede in der Geltung der Wahrheitsaussage. Ein Schwur beim Himmel gilt weniger als ein Schwur bei Gott, einer bei der Erde weniger als einer beim Himmel, einer bei Jerusalem weniger als einer bei der Erde und einer beim eigenen Haupte weniger als einer bei Jerusalem. Sie treiben, wie man in der Morallehre sagt, *Kasuistik*, das heißt: sie unterscheiden allerlei *Fälle*, in denen man strenger oder weniger streng zur Wahrheit verpflichtet sei. Jesus wirft ihnen im dreiundzwanzigsten Kapitel des Matthäus vor, daß sie, um der Schärfe der Wahrheit auszuweichen, statt beim Tempel beim Gold des Tempels schwören und statt beim Altar beim Opfer auf dem Altar. Diesem ganzen Wesen hält er entgegen: «Ihr steht bei allem, was ihr redet, vor Gott und unter Gott. Ihm seid ihr in allem die Wahrheit schuldig, unbedingt und unzweideutig.» Damit geht die Wahrheitsforderung von der Oberfläche auf den Grund. Sie ist nicht nur in der Breite, sondern auch in der Tiefe und in der Höhe des Reiches der Wahrheit *unendlich*.

F. Es ist das Wort von der Kasuistik gefallen. Sind es nicht die *Jesuiten*, bei denen diese Sache eine große Rolle spielt? Wirft man ihnen nicht vor, daß in ihrer Ethik die Möglichkeit von Fällen angenommen werde, für die es allerlei Lösungen gebe, die mehr oder weniger Wahrscheinlichkeit für sich hätten, richtig zu sein und die man alle benutzen dürfe?

A. Gewiß, das ist der sogenannte *Probabilismus* der jesuitischen Ethik.

F. Hängt damit auch die sogenannte *reservatio mentalis* zusammen, kraft deren man zu einer Aussage einen innern Vorbehalt machen dürfe, der ihre Gültigkeit eigentlich aufhebt? Und vielleicht auch das den Jesuiten zugeschriebene Prinzip, daß der *Zweck* das *Mittel* heilige?

A. Gewiß. Das alles hängt zusammen. Lassen wir aber

dahingestellt, ob diese Methode in besonderem Maß Prinzip und Praxis gerade der Jesuiten sei. Jedenfalls ist sie eine sehr allgemeine Art, die Wahrheit zu behandeln und das heißt zu verraten. Diese Methode tritt überall ein, wo man die Wahrheit nicht aus der *Quelle* schöpft: nämlich aus Gott, der im *Gewissen* zu uns spricht, sondern entweder aus einer *äußern Autorität*, sei's eine geistliche: die Kirche oder die Bibel (die man dann eben auch als solche äußere Autorität behandelt!), sei's eine weltliche: etwa der Staat oder die Gesellschaft mit ihrer konventionellen Moral; oder aus der Reflexion, die das unmittelbare Wort Gottes zu Gesetz, Dogma, Menschensatzung macht, vielleicht unter dem Namen einer «Ethik». Überall wo das geschieht, tritt an die Stelle der Wahrheit sehr leicht die Lüge.

F. Wie kommen die Menschen dazu, die Wahrheit auf diese Weise zu behandeln?

A. Weil sie eben der Wahrheit *ausweichen* wollen. Weil die Wahrheit ihnen nicht paßt. Weil sie – das ist ein besonders häufiger Fall – die Wahrheit im Dienste der *Macht*, sei's etwa der Kirche, sei's des Staates, sei's der Gesellschaft, brauchen und das heißt mißbrauchen wollen. Dieser Lüge tritt Jesus, wie alle Propheten, entgegen mit der Wahrheit des *Unbedingten*, die von *Gott*, dem Heiligen, kommt, sich im *Gewissen* kundtut und spricht: «Ich kann nicht anders!» Das ist die gewaltige und umfassende Bedeutung dieses Wortes Jesu; das die ewige Revolution der Wahrheit gegen die Lüge.

F. Und was bedeutet denn das: «*Eure Rede sei Ja, Ja, Nein, nein*» und so fort?

A. Es ist die positive Wendung des Prinzips der «Ethik» Jesu. Diese Losung richtet sich gegen alles Ausweichenwollen vor der Wahrheit durch Worte und gegen alle Zweideutigkeit, wie sie ganz besonders im Reden und Tun der alten und neuen Pharisäer und Sadduzäer, der Theologen und der Kirchenleute hervortritt. Das kirchliche, theologische, christliche, fromme Reden hat ganz regelmäßig diese der Wahrheit ausweichende, um die Wahrheit vorsichtig herumgehende Art; es handhabt die Sprache einer geistlichen und frommen Diplomatie, die ihm alle Kraft und allen Kredit der Wahrheit raubt. Und mit Recht, denn es kommt ja auch nicht aus der Wahrheit, sondern aus der Berechnung. Genau das Umgekehrte ist Jesu Forderung und eigene Art. Wir sollen vor Gott ganz und gar die Wahrheit reden und sein; die Wahrheit aber ist klar und einfach.

F. *Kann* man so sein?

A. Man *soll* so sein.

F. Aber wie *kann* man es?

A. Man kann es von dort aus, von wo auch die Forderung kommt: von Gott, dem Herrn und Vater; er macht wahr und gibt die Kraft, der Wahrheit zu gehorchen.

F. Also kein Eid, kein Schwur, kein Gelübde? Auch vor Gericht nicht? Auch kein Ehegelübde?

A. Lieber nicht! Denn immer besteht dabei die Gefahr einer Verhüllung der einfachen Wahrheit, der Nebelbildung vor der Sonne Gottes. Wo man dem Menschen nicht zutraut, daß er die Wahrheit sage ohne Schwur, da verleite man ihn nicht zum Meineid. Wo man dem Menschen nicht zutraut, daß er Treue halte ohne Gelübde, da verleite man ihn nicht zu falschem Gelübde. Es komme überall unter Gottes Wahrheitssonne *Gott* zu Ehren, der Herr und Vater; das schafft allein Wahrheit. Aber auf die *Form* kommt es vor Gott nicht an, sogar auch in *dem* Sinne nicht, daß eine bestimmte Form unbedingt verworfen werden müßte; hier herrscht die Freiheit der Söhne und Töchter Gottes. Überall. Das ist die Freiheit vom Gesetz, auch von einem vermeintlichen Gesetz Jesu.

F. Also wären Eid und Gelübde nicht unbedingt verboten?

A. Jesus erläßt keine solchen Verbote oder Gebote. Er ist kein Gesetzgeber, sondern ein Befreier. Auch das mit dem Eide ist Sache des bloß an Gott gebundenen und dadurch freien Gewissens. Jesus weist bloß auf die letzte Wahrheit hin.

F. Aber er verbietet doch ausdrücklich das Schwören?

A. Aber nur in *seinem* Sinne. Jenes Schwören des Juden ist jedenfalls verkehrt. Jesus ist aber die Freiheit. Wir sollen auch *sein* Wort in *seinem* Sinne verstehen, nicht im Sinne eines neuen Gesetzes.

F. Aber die *Notlüge?* Muß man überall und immer und gegen jedermann die volle Wahrheit sagen, auch da, wo diese mißverstanden und mißbraucht würde?

A. Man muß überall wahr *sein.* Aber die *Art*, wie die Wahrheit angebracht wird, muß *auch* wahr sein. Sie ist aber nur wahr, wenn sie verstanden und geheiligt wird. Sie darf nicht angeworfen werden. Sie wird gelegentlich durch Verschweigen mehr geehrt als durch Aussprechen. Und sie muß immer mit der *Liebe* verbunden sein, aus der Liebe fließen. Es gibt keine Wahrheit ohne Liebe. Aber freilich auch keine Liebe ohne Wahrheit. Kurz: das *Wesen* der Wahrheit muß, vor dem heiligen Gott und gütigen Vater, überall sein, aber in der *Form* ihrer Anbringung waltet Gottes Freiheit. Die Wahrheit ist nie eine starre Schablone, sondern eine lebendige Macht; sie ist nie ein fertiges Rezept, sondern eine stets neu zu findende Einstellung des ganzen Menschen durch das Wort und durch die Tat – ganz besonders durch die Tat.

F. Ist damit das Wort Jesu erschöpft?

A. Bei weitem nicht. Aus ihm fließt eine zweite, grundlegend wichtige Folgerung: Es kommt in der Übung der Wahrheit nicht bloß auf das einzelne Wort und die einzelne Tat an, sondern auf die ganze Haltung und Einstellung. Wir sollen nicht nur in bestimmten Fällen die Wahrheit sagen und tun, sondern sollen wahr *sein*, in allem Reden und allem Tun.

F. Ist das nicht schwer?

A. Es ist zunächst schwer, obschon auf die Länge die Wahrheit immer das Leichteste ist. Aber es ist so: Wir sollen wahr sein nicht nur im Reden, sondern auch im Tun, und zwar in *allem* Reden und Tun. Unsere ganze *Existenz* muß wahr sein. Wir dürfen keine unwahren, zweideutigen Situationen dulden. Die Wahrheit ist unteilbar. Sie will uns ganz, wie Gott, der die Wahrheit ist, uns ganz will. Darum dürfen wir nicht sagen, wir seien wahr, weil wir in bestimmten Fällen nicht lügen. *Darum ist unsere Wahrheit nie etwas Fertiges; sie ist ein Streben, ein Trachten, ein Kampf.* Damit ist aber auch alle Selbstgerechtigkeit aufgehoben; denn es ist unmöglich, das Gebot der Wahrheit ganz zu erfüllen, wir bleiben hinter der Unendlichkeit der Wahrheit immer unendlich zurück.

F. Ist das aber nicht drückend? Kann uns das nicht zur Verzweiflung bringen?

A. Nur als Gesetz. Aber nicht als Evangelium. Denn hier heißt es: «Selig sind, die da hungern und dürsten nach der Gerechtigkeit; denn sie sollen satt werden.» Zur Gerechtigkeit des Reiches Gottes aber gehört vor allem die Wahrheit. Wir sollen satt werden (im *guten* Sinne) dadurch, daß wir immer heller die Wahrheit erkennen. Wir sollen satt werden dadurch, daß wir in diesem Lichte immer wahrer werden. Wir sollen satt werden dadurch, daß wir aus der Quelle der Wahrheit trinken. Wir sollen satt werden dadurch, daß wir Gott haben, den Herrn und Vater, und in ihm die ganze Wahrheit, die unbedingte, die unendliche. Ist das nicht frohe Botschaft? Ist das nicht Erlösung von allem unwahren und damit unfreien, knechtenden Wesen?

F. Aber führt das nicht in einen Gegensatz zu der Welt, ja zum Kampf mit ihr?

A. Gewiß. Aber ist das nicht Befreiung und Seligkeit? Heißt es nicht: «Selig sind, die um der Gerechtigkeit willen verfolgt werden; denn ihnen gehört das Reich Gottes»?

Aber wir kommen damit zu einer dritten Folgerung aus dem großen Prinzip des «Du sollst nicht falsch schwören», oder allgemeiner gesagt: «Du sollst nicht lügen!» Dieses Gebot ist auch insofern zu enge, weil es, als Gesetz, bloß *negativ* ist. Von Gott her aber, dem Herrn und Vater, vom Unbedingten und Unendlichen her, kommt das Gebot: «*Du sollst nicht bloß die Wahrheit sagen, statt die Unwahrheit, sondern du sollst die Wahrheit sagen*, das bedeutet: Du sollst die Wahrheit *anerkennen*, wo sie dir begegnet, weil dir darin Gott begegnet. Du sollst die Wahrheit *bekennen*, wo es nötig ist. Du sollst der Wahrheit *gehorchen* im Reden und im Tun ohne Rücksicht auf die Folgen. Wenn du das nicht tust, bist du nicht wahr – lügst du. Diese Lüge führt vom bloßen Schweigen und Zusehen über die Verleugnung durch Wort und Tat bis zum Verrat, von den fliehenden Jüngern über das «Ich kenne den Mann nicht» des Petrus bis zu Judas; das Sagen der Wahrheit aber, das Anerkennen, Bekennen, Gehorchen führt auf dem Wege der Nachfolge bis zu Christus selbst. Aber vielleicht zu seinem Kreuze!

F. Stoßen wir hier nicht auf das *Martyrium?*

A. Gewiß: Martyrium heißt ja Wahrheitszeugnis. Wer Gott und seinem Reiche dienen will, muß auch dazu bereit sein.

F. Ist das nicht schrecklich?

A. Es ist das Schönste was es gibt; es ist die Krone des Lebens.

F. Aber wie kann man es leisten?

A. Man kann es von dem aus, der es fordert: von Gott, dem Herrn und Vater aus. Dann ist es selig.

F. Aber kehrt dann nicht der Kampf zwischen Wahrheit und *Liebe* wieder?

A. Die Wahrheit muß immer der Liebe dienen. Aber auch die Liebe der Wahrheit. Gott, der Herr und Vater, ist die Wahrheit und die Liebe. Wer richtig, in *seinem* Namen und *seinem* Geiste, der Wahrheit dient, der dient auch der Liebe. Wer aus falscher Liebe die Wahrheit verleugnet, der zerstört auch die Liebe. Die Liebe ist die Speise der Menschen, aber die Wahrheit das Salz dieser Speise.

F. Kann man nicht auch durch Schweigen Zeugnis ablegen? Hat nicht Jesus vor dem Hohen Rat auch geschwiegen? Und kann man nicht auch durch Nichttun Zeugnis ablegen, wie Jesus nicht im Sinne der Pharisäer fastete und seine Jünger nicht fasten hieß?

A. Rechtes Schweigen ist nur die andere Seite des rechten Redens, rechtes Nichttun nur die andere Seite des rechten Tuns. Jesus selbst sagt ja: «Ihr sollt das Heilige nicht den Hunden hingeben noch eure Perlen vor die Säue werfen.» Die Wahrheit ist ein Heiligtum; hütet es wohl!

Aber die Wahrheit lebt zuletzt doch nicht vom Schweigen und Nichttun, sondern vom Reden und Tun. Eine Überzeugung und Gesinnung, die sich nicht auch nach außen kund tut, wird schwach, sie verwelkt und erstirbt zuletzt in sich selbst, wie sie umgekehrt durch das Bekenntnis sich verstärkt und vermehrt. Darum ist das freie Wort für das Gewissen des Einzelnen, wie für die Gemeinschaft so notwendig wie der Sauerstoff für das Leben. Wo es durch Staat, Kirche oder Gesellschaft gefesselt wird, muß es sich selbst und die Andern erst recht durch das Zeugnis frei machen.

F. Aber wie soll man unterscheiden, wo zu reden ist und wo zu schweigen, wo zu tun und wo nicht zu tun?

A. Das sagt uns des Vaters Geist.[1] Nur Eins ist nie zu vergessen: Auch Schweigen und Nichttun muß ein *Be-*

---

[1] Vgl. Matthäus 10, 19–20.

kennen sein, darf nicht wie ein Ausweichen sein, wie Verleugnen oder gar wie Verrat. Es muß so schwer sein, oder gar noch schwerer, als Reden und Tun.

F. Ist damit die Wahrheitsforderung im Sinne Jesu völlig charakterisiert?

A. Keineswegs. Es muß vor allem noch *ein* Zug hervorgehoben werden. Aus diesem Ganzheitscharakter der Wahrheit fließt noch eine wichtige Folgerung. Es gibt Menschen, die meinen, die Wahrheitspflicht sei damit erschöpft, wenn man da, wo es drauf ankommt, die Wahrheit sage und nicht die Unwahrheit, wo man in allem Aussagen und allem Tun es mit der Wahrheit genau nehme. Sie sind treu gegen dieses einzelne Wahrheitsgebot. *Aber sie verkennen die Wahrheit als Ganzes.* Sie sehen sie nicht, suchen sie nicht, eifern nicht für sie, legen nicht Zeugnis für sie ab, erkennen sie bei Andern nicht. Sie stehen nicht im totalen Wahrheitsdienst. Mit andern Worten: Sie vertreten wohl die *kleine* Wahrheit, aber nicht die *große.* Andere mag es geben, welche wohl die große anerkennen und üben, aber die kleine vernachlässigen. Das ist zwar ein geringerer Fehler, der mit einer Tugend zusammenhängt, aber doch ein Fehler. Die große und die kleine Wahrheit gehören zusammen. Die kleine soll aus der großen fließen und soll umgekehrt diese stützen. «Denn wenn ihr nicht im Kleinen treu seid, wie kann euch das Große anvertraut werden?»[1] Aber meinet auch nicht, daß ihr wahr sein könnt, wenn ihr nur im Kleinen die Wahrheit ehrt und übt!

In diesem Zusammenhang muß Eins vielleicht noch einmal hervorgehoben werden: Wir müssen uns immer davor hüten, Wahrheit und Wahrheitszeugnis oder auch das Gegenteil bloß als *Wort* zu betrachten; es ist vielmehr wesentlich *Tat.* Es ist *Existenz.* Es kann eine ganze Exi-

---

[1] Lukas 16, 10.

stenz Lüge sein und eine ganze Existenz Wahrheitszeugnis. Und jedenfalls wirkt keine Vertretung durch das Wort, wo nicht die ganze Existenz dazu stimmt, wenn auch bloß in Unvollkommenheit des Vollbringens, so doch durch den Ernst des Wollens und die ganze Einstellung. Das gilt besonders für die Verkündigung der Sache Christi. Hier bedeutet eine Tat des Glaubens und der Liebe mehr als tausend schöne Worte, und wären sie auch Auslegungen der Bibel. So ist ja auch der, welcher *die* Wahrheit ist, dies nicht bloß durch sein Wort, sondern vor allem durch die Fleischwerdung des Wortes in seinem Leben und Sterben.

F. Ist damit das Wort Jesu erschöpft?

A. Immer noch nicht! Es liegt darin noch etwas sehr Wichtiges. Wenn die Wahrheit unendlich ist wie Gott selbst, so folgt daraus, daß wir sie nie bloß *haben*, sondern immer auch *suchen* müssen, so wie wir ja auch *Gott* nie bloß haben, sondern immer auch suchen müssen. Es gilt auch hier das Gesetz der *Armut*. Wir dürfen nie meinen, wir hätten die ganze Wahrheit, sondern müssen stets offen sein für Gottes größere Wahrheit, müssen nach ihr hungern und dürsten und reines Herzens sein, auf daß wir Gott schauen. Wir müssen sie auch in allem Irrtum noch zu erkennen trachten. Wir müssen sie auch beim Gegner anerkennen, das heißt Gott, den Herrn und Vater, anerkennen, der auch mit ihm zu tun hat.

Diese Einstellung aber hat gewaltig revolutionäre Folgen. Sie schließt auch auf dieser Linie alle Selbstgerechtigkeit aus. Sie schließt die *Orthodoxie* aus, weil sie über alle Dogmen hinausgeht, die Gottes Wahrheit in Formeln fassen wollen; aber sie schließt auch den bloßen Gegensatz zur Orthodoxie, wenn er auch zum Dogma wird, aus. Sie schließt auch allen *Doktrinarismus* aus; denn Gott ist größer als alle Doktrinen, und seien es die schönsten. Sie überbietet alle bloßen Ismen, heißen sie auch Pazifismus,

Sozialismus, Kommunismus, Anarchismus, Antimilitarismus, Vegetarismus und so fort: der Bürger des Reiches lebt aus Gottes Freiheit, nicht aus menschlichen Theorien, die eben immer Menschensatzungen sind. Sie verhindert allen *Fanatismus*, der wirklich solcher ist. Gott ist auch größer als unser Herz, nicht nur größer als unser Verstand. Es ist damit aber auch alle Knechtschaft der *Tradition* überwunden. Die Wahrheit des lebendigen Gottes durchbricht den Bann des Gewesenen für das Kommende, des Seienden für das Seinsollende. Der Prophet tritt in seinem Namen dem Priester entgegen. Gott macht das Herz groß und gibt ein Auge, das weit sieht. Er gibt der Wahrheit die Größe und Freiheit, die Jesus hat und ist.

F. Besteht aber nicht gegenüber der Gefahr der Engigkeit die *Gefahr der Weite*, ich meine, der zu großen Weite?

A. Sie besteht in der Sphäre des Gesetzes. Aber von *Gott* aus kommt auch die Unerbittlichkeit der Wahrheit, die Unbedingtheit der Wahrheit, die Schärfe der Wahrheit. Geduld und Strenge, Verständnis und Gericht, Weite und Schärfe gehören zusammen; sie fließen alle aus Gott, dem Vater und dem Herrn. Was die Menschen gesetzlich, verstandesmäßig, schablonenhaft trennen, ist in ihm Eins, ist die polare Art und Bewegung seiner Wahrheit.

Das einzusehen: welch neue Revolution! Wieder zersprengt Jesus die Mauer des Gesetzes und erschließt den die Welt einigenden und rettenden Strom der Wahrheit Gottes.

F. Sind wir damit nun am Ende?

A. Am Ende? Erst am Anfang. Das alles ist nur ein Hinweis auf diesen Teil der neuen Gerechtigkeit: die Wahrheit im Sinne Jesu. Dieses Prinzip ist weit wie der Himmel und tief wie das Meer – es ist nicht nur größer als unser Herz, sondern auch größer als unsere Gedanken.

Gott der Lebendige, der Heilige, der Unendliche und

Unbedingte, nicht irgend ein Gesetz oder eine Instanz des Gesetzes, das ist die Quelle der Wahrheit.

5. *Das Recht*

Fast ebenso wichtig wie die Wahrheit ist aber in der sittlichen Welt, sowohl für den Einzelnen wie für die Gemeinschaft, das *Recht*. Darüber sagt Jesus:

«Ihr habt gehört, daß gesagt ist: ‚Auge um Auge, Zahn um Zahn'. Ich aber sage euch: Ihr sollt dem Bösen nicht widerstehen, sondern, wenn dich Einer auf den rechten Backen schlägt, so halte ihm auch den andern hin. Und wenn Einer mit dir rechten und dir den Rock nehmen will, dann lasse ihm auch den Mantel. Und wenn dich Einer eine Meile zu Frondienst zwingen will, so gehe mit ihm zwei. Gib dem, der dich bittet, und wende dich nicht von dem, der von dir leihen will.» (5, 38–42.)

F. Ist das möglich? Geht das nicht zu hoch hinauf? Was würde aus der Welt, wenn es kein Recht mehr gäbe – kämen dann nicht die Gewalttäter obenauf? Und was würde aus der Welt, wenn man jede Bitte oder Forderung erfüllte – kämen dann nicht die Erpresser obenauf?

A. Die Antwort auf diese Frage ist wichtig. Sie bezieht sich auf die *ganze* Bergpredigt und gipfelt in der andern Frage, *ob man die Bergpredigt leben könne, oder ob sie eine sittliche Utopie sei.* Man kommt zu dieser Frage nach der Möglichkeit der Bergpredigt und zu ihrer ganzen oder teilweisen Verneinung dadurch, daß man die Forderung Jesu zu hoch hinaufschraubt und damit wirklich zur sittlichen Utopie macht. Man macht besonders einige dieser Forderungen, wie das Ausreißen des Auges und das Abhauen der Hand, sodann der Feindesliebe und der Sorglosigkeit, auch das Nichtrichten und besonders das Nichtwiderstehen zu so hochragenden, bis in den Himmel reichenden Gipfeln, daß sie für die Masse der Menschen unzugänglich und nur für einige sittliche Bergsteiger zugänglich werden: für eine Art Elite, vielleicht für gewisse Mönche, etwa echte Jünger des Franziskus, die auf den Gipfel der «*Vollkommenheit*» zu gelangen trachten, wie man das formuliert hat. Für diese wäre das dann eine Art Sport. Aber das ist eine ganz falsche Auffassung. Die Forderung Jesu ist zwar bloß für die *Jünger* gedacht, weil sie allein die Voraussetzung für ihre Erfüllung in sich tragen, aber *alle* sind zu Jüngern berufen. Die Forderung Jesu gilt für alle, die Gott, den Herrn und Vater, kennen und darum aus ihm leben sollen. Sie sind nicht unersteigliche Gipfel, sondern bloß eine freie Höhe; sie bedeuten nicht eine sittliche Aristokratie, sondern eine sittliche Demokratie, die, wie jede echte Demokratie, ein aristokratisches Moment an sich hat.

F. Aber werden sie dadurch nicht herabgesetzt? Verlieren sie nicht ihre wahre Höhe? Werden sie nicht zu leicht?

A. Im Gegenteil. Sie verlieren bloß ihre Scheinhöhe und werden dafür Wirklichkeit. Sie werden eine Allen zugängliche Höhe – und was für eine Höhe! Gipfel gibt es dabei auch, aber sie sind Allen zugänglich, sind Ausblick ins Unendliche. Aber aus dem Sport wird Arbeit. Denn es ist keine Rede davon, daß diese Auffassung der Forderung Jesu ihr den Ernst nähme, im Gegenteil: sie macht eben aus Sportleistung Pflichtleistung.

F. Also ein *Gesetz*?

A. Auch diese Forderung Jesu ist kein Gesetz, sondern eine *Freiheit*. Sie ist nicht ein Müssen, sondern ein Dürfen. Sie ist die herrliche Freiheit der Söhne und Töchter Gottes. Sie ist Pflicht für die, welche solche sein wollen.

F. Wird sie aber nicht durch diese Auffassung aus ihrer Höhe zum Niveau einer bürgerlichen Moral herabgezogen?

A. Das wird sie oft; aber gerade auf dem umgekehrten Wege. Wenn man sie zu hoch hinaufschraubt, dann ist die

Reaktion darauf, daß man sie zu tief herabschraubt, damit sie praktisch möglich werde. Wenn die Einen ihr das Mönchskleid anziehen, dann ist die Folge, daß die Anderen ihr den Sonntagsrock anziehen, mit dem der Bürger zur Kirche geht. Es ist aber das Alltagskleid der Bürger des Reiches Gottes, welche die Wirklichkeit Gottes wichtiger nehmen als die Wirklichkeit der Welt. Sie ist das Leben, das für jeden notwendig wird, der aus Gott, dem Herrn und Vater, leben will.

F. Was ist denn in unserem Falle der Sinn der Forderung Jesu?

A. Jesus geht von der Forderung des *Rechtes* aus. Das «Auge um Auge, Zahn um Zahn» bedeutet eine Form des Rechtes, des sog. jus talionis oder Rechtes der Vergeltung: daß man dem, der durch Gewalt gegen das Recht verstößt, das Gleiche, oder doch möglichst das Gleiche, zufügt, das er dem Andern zugefügt hat. Wenn er ihm ein Auge ausgeschlagen hat, dann soll man ihm auch ein Auge ausschlagen, wenn einen Zahn, dann auch einen Zahn.

F. Das wäre also *Rache*?

A. Ja, aber zum Gesetz erhobene Rache, also nicht mehr Rache der bloßen Willkür und Gewalt.

F. Also ein Recht?

A. Es ist als Recht gemeint. Es ist eine Folgerung aus dem «Du sollst nicht töten». Es soll vor Willkür und Gewalt schützen. Es soll etwas *Heiliges* wahren: das Leben und die Person des Andern. Das «Auge um Auge, Zahn um Zahn» wird überhaupt zur Formel des Rechtes. Dieses schützt auch das Eigentum: das Recht zieht auch eine Folgerung aus dem «Du sollst nicht stehlen». Überhaupt aus allen Prinzipien der Zehn Gebote. Das Recht vertritt der bloßen *Natur* gegenüber den *Geist*. Die bloße Natur antwortet auf die Gewalt mit Gewalt, sogar mit noch größerer Gewalt. Sie erwidert einen Schlag auf den Backen mit zwei andern.

Das Recht bändigt diesen wilden Vergeltungstrieb der Natur durch die gesetzliche Strafe und ihre Androhung. Die Gewalt macht den Menschen zur *Sache*, das Recht macht ihn zur *Person.* Das echte Recht ist in jeder Form ein Abglanz des heiligen Rechtes, das von Gott her auf seiner Schöpfung ruht, besonders auf dem Menschen. Es ist ein Ausdruck jener Furcht Gottes, welche Ehrfurcht ist und das Fundament aller Sittlichkeit bildet. Das Recht schützt und heiligt den *Menschen.*

F. Aber wie kommt denn Jesus dazu, das Recht aufzuheben?

A. Jesus löst auch das Recht auf, um es zu erfüllen und umgekehrt. Denn die Frage ist: *Genügt* das Recht? Kann das Recht nicht auch Unrecht werden? Kann das Recht nicht auch ein irriges sein? Ist im Recht nicht auch ein Element der *Gewalt?* Kann es nicht zu Streit und Krieg führen? Kann es nicht Zorn, Erbitterung, Haß erzeugen? Alles nicht bloß im privaten, sondern auch im sozialen oder politischen Leben? Muß nicht gerade, damit das Recht Recht sein könne, noch etwas Höheres sein als Recht? Dieses Höhere meint Jesus mit seiner Weisung vom Hinhalten auch des andern Backens, dem nachgiebigen Mitgehen, Schenken, Leihen. Er denkt, nebenbei gesagt, beim Mitgehen an den Frondienst, den man der römischen Post mit seinem Gespann leisten mußte und der natürlich keine angenehme Sache war. Es ist alles paradoxe Redeweise, wie Jesus sie liebt. Jesus meint: Bestehe nicht allzu hartnäckig auf deinem Recht. Gib vor allem dem Andern sein Recht. Gib ihm sogar mehr als sein Recht, gib ihm Gnade. Gib ihm von dem Recht, das du selbst von Gott, dem Herrn und Vater hast zu dem, das er von Gott, dem Herrn und Vater hat. Gib es dem Gegner in materiellen und gib es dem Gegner in geistigen Dingen. Gib ihm das Recht des Bruders, das die Liebe ist. Denn er ist das Kind Gottes wie du und damit dein Bruder. Ihr habt in ihm alles gemein, auch das Recht. Das ist eine Form des Kommunismus Gottes und Christi, der eine Grundordnung der Welt Gottes bedeutet. Es gibt auch in der geistigen Welt kein absolutes Eigentum. Auch das Recht ist gemeinsames Eigentum. Denn auch das Recht gehört Gott. Darum gilt auch hier die Grundregel der *Armut*. Darum versteife dich auch hier nicht auf deinen Besitz. «Selig sind die Armen, denn ihrer ist das Reich Gottes.» Hüte dich vor der Rechthaberei. Bestehe nicht wie Shylock auf deinem Schein. Verfalle nicht dem Bedürfnis nach Rache. Wehe dir, wenn du es tust! Du wirst selbst ins Gefängnis geworfen werden und nicht herauskommen, bis du den letzten Heller bezahlt hast. Aber «Selig sind die Barmherzigen; denn sie werden Barmherzigkeit empfangen». Vermeide das Gericht über das Rechthaben. Wandle in der Großmut, die von Gott, dem Herrn und Vater her kommt. Bedenke, daß du eigentlich immer Unrecht hast, weil du immer *Schuldner* bist. Du bist vor Gott Schuldner und damit auch vor dem Bruder. Denn was du Gott schuldest, schuldest du auch dem Bruder. Darum vergib ihm wie dir der Vater vergibt. Vergeben aber heißt Geben. Gib ihm von der Schuld, die du bei Gott hast und die für ihn zur Vergebung der Schuld wird. Das ist der Sinn der Worte Jesu.

F. Aber wie ist das Wort vom *Nicht-Widerstehen* gemeint? Sollen wir denn das Böse einfach walten lassen? Ist das Wort so gemeint wie es Tolstoi versteht? Ist damit Gandhis «Gewaltlosigkeit» gemeint?

A. Man darf das Wort vom Nicht-Widerstehen nicht mißdeuten. Es ist auch eine Paradoxie und darf nicht ein ethisches Dogma werden. Es ist eine Freiheit und darf nicht ein Gesetz werden. Es hat nichts damit zu tun, daß wir das Böse sollen ungehemmt und unwidersprochen walten lassen: wir sollen es bekämpfen bis aufs Blut, bis auf den Einsatz unseres Lebens. Es ist alles Andere als falsche, weiche Nachgiebigkeit gegen das Unrecht. Auch Tolstoi und Gandhi sind je und je dem Bösen mit unerhörter Schärfe entgegengetreten. Und erst Er, der das Wort vom Nichtwiderstehen gesprochen hat!

F. Aber was bedeutet dieses denn?

A. Es bedeutet nicht Nachgiebigkeit gegen das Böse, sondern den vollkommenen *Sieg* über das Böse. Es bedeutet: Du sollst das Böse nicht mit seinen eigenen Mitteln bekämpfen. Du sollst ihm nicht auf seinem eigenen Boden entgegentreten. Du sollst nicht Unrecht mit Unrecht, Lüge mit Lüge, Gewalt mit Gewalt bekriegen. Du sollst dem Bösen nicht auf der gleichen Ebene entgegenstehen (so sollte man das Original wörtlich übersetzen), sondern sollst ihm von einer höhern Ebene her begegnen, sollst ihm *überlegen* sein. Du sollst dem Unrecht mit Recht, der Lüge mit Wahrheit, der Gewalt mit Geist begegnen; du sollst, wie Paulus sagt, dich nicht überwinden lassen von dem Bösen, sondern das Böse überwinden durch das Gute.[1] Du sollst dich nicht an der Regel der Welt orientieren, sondern an Gott, dem Herrn und Vater. Du sollst größer sein als das Böse. Du sollst den Adel der Söhne Gottes wahren. Darum sollst du dem Gegner sein Recht geben und mehr als sein Recht, indem du ihm Gottes Recht gibst. Darum darfst du dich nicht in dein bloßes Recht, das Rache-Recht ist, verstricken, sondern sollst in der Freiheit der Söhne Gottes leben. Darum sollst du auch dem ausgesprochen Bösen, ja Teuflischen, nicht von dir aus begegnen, überhaupt nicht von der Welt aus, sondern von Gott aus, der der Herr ist, der Heilige, der Richter, aber auch der Vater. Du sollst dem Bösen widerstehen bis aufs Blut, sollst ihm widerstehen

---

[1] Roemer 12, 21.

mit dem scharfen Schwert der Wahrheit. Aber nur mit dem Schwert des *Guten.* Nur von Gott her, dem Herrn und Vater. Nur in der Wahrheit und nur in der Liebe. So allein wirst du es wirklich besiegen. Denn Unrecht erzeugt wieder Unrecht, Lüge Lüge, Gewalt Gewalt. Auch im Rechte kann, wie gesagt, Unrecht liegen. Das Recht kann auf eine Weise geltend gemacht werden, daß es zum Unrecht wird, daß es reizt und verhärtet. Auch das Böse hat eine Art Recht. Dieses wird nicht durch ein auf dem gleichen Boden stehendes Gegenrecht überwunden, sondern nur durch ein höheres Recht: das Opfer. Nur das Kreuz, nicht das Schwert, besiegt die Welt und die Hölle. Die Liebe ist stärker als das Recht.

F. Ist das also die «*Gewaltlosigkeit*» Tolstois und Gandhis?

A. «Gewaltlosigkeit» ist eine schlechte Übersetzung der Losung Gandhis von der «Ahimsa». Es ist überhaupt kein gutes Wort. Denn es erzeugt den Eindruck der Passivität und Weichlichkeit. Es ist auch eine bloße Negation. Und es ist darum eine große Gefahr. Denn es verführt zu einer falschen Auffassung von Liebe und Frieden: als ob diese Nachgiebigkeit gegen das Böse wären, oder gar Beschönigung des Bösen. Es gibt eine falsche Liebe, die ebenso gefährlich ist wie die wahre rettend ist. Sie meint um der Liebe willen die Wahrheit verleugnen zu müssen. Aber es gibt keine wirkliche Liebe ohne Wahrheit. Denn nur die Wahrheit rettet. Und Wahrheitsdienst ist darum der höchste Dienst der Liebe. Die Wahrheit schafft auch allein Frieden. Christus selbst, die Offenbarung der Liebe Gottes, hat darum gesagt: «Ich bin nicht gekommen, Frieden auf die Erde zu werfen, sondern Schwert». «Ich bin gekommen, ein Feuer auf Erden anzuzünden, und wie wollte ich, es brennte schon!»[1] Um der Wahrheit willen haben sie ihn

[1] Lukas 12, 49

gekreuzigt, und damit rettete seine Liebe die Welt. Also keine Gewaltlosigkeit, wohl aber Kampf gegen die Gewalt.

F. Gegen *jede* Form der Gewalt? Auch gegen gesetzliche Gewalt, gegen Erziehungsgewalt?

A. Nicht gegen die *Form* der Gewalt, sondern gegen das *Prinzip* der Gewalt.

F. Welches ist denn das Prinzip der Gewalt?

A. Das Prinzip der Gewalt ist die *Vergewaltigung*, die Unterdrückung des Rechtes, der Freiheit, der Menschlichkeit. Die Gewalt ist Willkür, Rohheit, Knechtung; sie ist unmenschlich und ungöttlich. Kein Mensch, der Gott, den Herrn und Vater, ehrt, kann Gewalt (im Sinne von Vergewaltigung) üben. Damit greift er in das Amt Gottes, des Herrn und Vaters, ein. Damit verletzt er Gottes heiliges Recht, das auf seinen Geschöpfen liegt. Auch auf Tier und Pflanze. Auch ihnen gilt von Gott aus Ehrfurcht und Liebe. «Der Gerechte erbarmt sich seines Viehes, das Herz des Gottlosen aber ist grausam».[1] Wo der Zügel Gottes wegfällt, da bricht des Herzens Gier hervor, welche ausbeuten, herrschen und vergewaltigen will. Gott allein schützt vor dem Chaos der Gewalt.

F. Führt der Kampf gegen die Gewalt aber nicht bloß zum *Recht*? Das Recht ist doch, wie wir gesehen haben, Schutz gegen die Gewalt?

A. Ja. Darum soll es gelten. Darum soll es heilig sein. Darum soll es recht geübt werden. Aber es führt zum Unrecht, wenn nicht noch etwas *über* ihm ist: die Gnade. Es soll der Richter Recht sprechen, aber er soll ein Recht sprechen, das nicht gnadelos ist, wo auch Barmherzigkeit darin ist, wo auch *Gottes* Recht darin ist, das Recht des heiligen Gottes und des Vaters. Das gilt nicht nur vom Kriminalrecht, sondern von allem Recht. Es soll auch *Billigkeit* beim Rechte sein und die höchste Billigkeit ist die Gnade.

[1] Sprüche 12, 10.

F. Darf auch ein Jünger Christi Recht suchen?

A. Unter Umständen. Es waltet auch hierin Freiheit. Nur soll er es auf die rechte Weise suchen, nicht in Rechthaberei oder Rache. Grundsätzlich aber steht ein Jünger Christi *über* dem Recht. Der Apostel Paulus verlangt von seinen Gemeinden, daß sie nicht vor den heidnischen Richter gehen, für den das bloße Recht gilt, sondern daß sie Rechtshändel unter einander ausmachen, aber in der Gnade.[1] Wir sollen in der Gnade miteinander leben, nicht im Recht.

F. Kann daraus aber nicht großer Schaden werden? Begünstigt eine solche Haltung nicht doch die Gewalttäter?

A. Das scheint nur so. Es mag im einzelen Falle geschehen, wirklich oder scheinbar, aber nicht im allgemeinen. Vielmehr wird durch das bloße Geltendmachen des Rechtes der Gewaltgeist erzeugt. Das Recht selbst wird zur Gewalt. Auch ist es ein gewöhnlicher Kunstgriff, daß man sich auf ein Recht beruft, wenn man Gewalt üben will. Der Geist der Gewalt wird nur ausgelöscht und das Recht zum Recht gemacht durch etwas, was darüber hinausgeht.

F. Gilt das auch für unsere Zeit? Sie ist ja doch vor allem durch die Tatsache des Rechtszerfalls charakterisiert. Muß heute nicht gerade die Notwendigkeit und Heiligkeit des Rechtes betont werden, statt das, was über das Recht hinausgeht?

A. Es ist wahr, daß heute die Heiligkeit des Rechtes ganz besonders betont werden muß. Auch die Wahrheit des Wortes Jesu muß je nach Zeit und Art geltend gemacht werden, um Wahrheit zu sein. Aber es handelt sich eben wieder darum, was Recht ist und wie das Recht Recht sein soll. Beruht nicht unsere Not auch darauf, daß innerhalb

---

[1] Vgl. 1. Korinther 6, 1 ff.

der Völker und in den Beziehungen der Völker untereinander jedes sein *Recht* haben will, nämlich das, was es für Recht erklärt, das Recht seiner Geltung, seines Egoismus («Recht ist, was dem deutschen Volke nützt»). Kann die Hilfe und Heilung nicht bloß daher kommen, daß über dieses «Recht» ein höheres Recht kommt, ein Recht, das nicht bloß Menschenrecht ist, sondern Gottesrecht? Ein Recht, das gegen alle Gewalt ist? Also ein Recht, das in den Völkern und Einzelnen Gottes heiliges Recht ehrt? Kann dieses Recht aber geltend gemacht werden ohne Gnade, ohne das Mehr als bloßes Recht?

F. Wie ist es aber mit dem Wortlaut der Forderung Jesu? Kommen wir mit dieser nicht-wörtlichen Auslegung nicht doch zu einer Abschwächung?

A. Im Gegenteil, zu einer Verschärfung. Erst so bekommt diese Forderung die Kraft der Unendlichkeit. Bedenken wir recht: Es ist überall viel leichter, eine Extraleistung zu vollbringen, als seine tägliche Pflicht zu tun. Es ist viel leichter, mit Erbsen in den Schuhen nach Einsiedeln zu wallfahren als der Nachbarin zu verzeihen. Es ist sogar leichter, sich das Auge auszureißen oder die Hand abzuhauen als stets Gott allein die Ehre zu geben und ihm das zu opfern, was ihm im Wege steht, und wäre es das Liebste und Teuerste. Gottesdienst ist schwerer als Sport, auch schwerer als Kultus.

Auch diese Forderung ist nicht eine Wörtlichkeit, sondern ein Prinzip. Du sollst vielleicht nicht wörtlich, wenn du den Schlag auf den rechten Backen erhalten hast, dem Andern auch den linken hinhalten – das hat Jesus vor dem Hohen Rate selbst nicht getan, und du kommst wahrscheinlich nie in diese Lage – aber du sollst dem Beleidiger mehr geben: Gottes Recht, in dem dein eigenes Unrecht irgendwie eingeschlossen ist. Du sollst vielleicht nicht in einem Rechtshandel dem Andern, der deinen Rock will, auch den

Mantel lassen, aber du sollst in solchem Streit um materielle Dinge dem Andern weit entgegenkommen, weit über sein striktes Recht hinaus. Du wirst vielleicht nie zu einem Frondienst angehalten werden, aber wenn etwas Ähnliches an dich kommt, dann leiste lieber zu viel als zu wenig. Solche Dinge sind nicht wichtig, solange sie bloß deine private Sache sind und es nicht in einem höhern Interesse das Recht zu vertreten gilt. Du sollst nicht jedem, der dich um finanzielle Hilfe angeht, ohne weiteres entsprechen – außer wenn du damit eine *Demonstration* leisten willst – er könnte ja solche Gewährung arg mißbrauchen; aber du mußt ihm *mehr* geben: du mußt dich ihm tief verpflichtet fühlen und ihm anderswie helfen, mußt diese Pflicht vielleicht so erfüllen, daß du für eine bessere Gerechtigkeit im sozialen Leben eintrittst. Noch einmal: diese Paradoxien Jesu sind nicht Wörtlichkeiten, sondern *Symbole.* Sie haben einen umfassenden Sinn. Sie stehen in der Freiheit des Reiches Gottes, gehen aber an Strenge weit über die Gerechtigkeit der Schriftgelehrten und Pharisäer hinaus – in eine neue Welt hinein.

F. Soll das alles nicht nur für das private Leben gelten, sondern auch für das *öffentliche Leben*, besonders für das politische und soziale?

A. Unbedingt auch für das öffentliche Leben und besonders für das politische und soziale. Es ist nie zu vergessen, daß alles, was die Bergpredigt sagt, zur Wahrheit des Reiches Gottes gehört, das sich niemals bloß auf das private Leben bezieht, sondern eine umfassende Ordnung ist. Die Anweisung an den Einzelnen hat immer *diesen* Hintergrund: das Reich.

F. Welche Folgen hätte diese Weisung Jesu für das politische und soziale Leben?

A. Ungeheure. Es wäre die echte Weltrevolution. Aus ihr ginge Volksfreiheit und Volksfriede hervor im politischen und im sozialen Leben, aus ihm Völkerfreiheit und Völkerfriede. Denn es ehrte jedes Glied des Volkes im andern Gliede und jedes Volk im andern Volke Gottes Recht und das bedeutet: es gäbe ihm noch mehr als bloßes Menschenrecht. Nur daraus wird Freiheit und Friede in den einzelnen Völkern und in der Völkerwelt quellen. Nur daraus echtes übernationales Recht und echter Völkerbund, aber daraus mit Sicherheit.

F. Aber ruht nicht die Forderung Jesu auf der Voraussetzung, daß Gott, der Herr und Vater, gekannt und anerkannt wird?

A. Gewiß. Darum ist der Kampf um Freiheit und Recht in den Völkern und zwischen den Völkern ein Kampf um die Erkenntnis Gottes und den Gehorsam gegen ihn. Darum können sie nur kommen in dem Maße, als das Reich Gottes kommt. Darum endigt die Forderung Jesu mit der Bitte: «Dein Reich komme!» Aber wer für seine Person Jesu Forderung zu verwirklichen trachtet, der hilft mit, daß sie auch in der Welt verwirklicht wird. Die Gemeinde des Reiches Gottes, und das ist ja die Gemeinde Christi, soll mit der Botschaft vom Reiche Gottes auch diese Forderung in die Welt hinaustragen.

F. Ist damit die Revolution Jesu auf dieser Linie erschöpft?

A. Wie könnte sie erschöpft sein? Das alles ist auch nur ein Hinweis auf ihre Unerschöpflichkeit. Wir haben ja hier den gleichen Fall wie immer in diesen Beispielen. Das Gebot: «Auge um Auge, Zahn um Zahn» ist begrenzt, ist beschränkt. Es ist ein Zaun, der Zaun des Gesetzes. Dieser Zaun schützt als Recht die Heiligkeit der Person. Aber er schließt das übrige Leben, schließt die weitere Wahrheit Gottes damit aus oder schwächt sie doch ab. Es genügt dann, wenn dieses oder jenes Lebensgebiet in die Ordnung des Rechtes eingefügt ist und wenn dieser oder jener Rechtsfall entsprechend erledigt wird. Man kann dann leicht meinen, es sei alles in Ordnung. Wenn aber die Orientierung an Gott, dem Herrn und Vater, eintritt, dann wird dieser Zaun des Gesetzes durchbrochen. Dann öffnet sich der Blick für die Unendlichkeit des Anspruchs Gottes und des Rechtes Gottes, das mehr ist als Recht –, dann öffnet sich der Blick in die Unendlichkeit der Revolution Jesu, und dann wird aus der Auflösung Erfüllung. Dann tritt an die Stelle des Menschenrechtes und der Menschensatzung die Gerechtigkeit des Reiches Gottes, die Bezahlung der unendlichen Schuld gegen Gott und den Bruder – die *nicht* bezahlt werden kann!

Auf diese Unendlichkeit und Grenzenlosigkeit des von Gott kommenden Rechtes hinzuweisen ist der Sinn der Paradoxie dieses Wortes Jesu.

6. Die Liebe

F. Größer als das Recht ist die *Liebe*. Wie stellt sich in der neuen Gerechtigkeit die Liebe dar?

A. Als unbedingt und schrankenlos.

F. Was will das bedeuten?

A. Jesus spricht:

«Ihr habt gehört, daß gesagt ist: ‚Du sollst deinen Nächsten lieben und deinen Feind hassen'. Ich aber sage euch: ‚Liebet eure Feinde und sprechet gut von denen, die euch fluchen, bittet für die, die euch beleidigen und verfolgen, auf daß ihr Söhne werdet eures Vaters in den Himmeln. Denn er läßt seine Sonne aufgehen über Böse und Gute und läßt regnen über Gerechte und Ungerechte. Denn wenn ihr bloß die liebet, die euch lieben, was ist das wert? Und wenn ihr gegen eure Brüder Freundschaft und Liebe übet, was ist das Außerordentliches? Ihr aber sollt vollkommen sein wie euer Vater im Himmel vollkommen ist.'» (5, 43–48.)

F. Was bedeutet diese Forderung?

A. Sie bedeutet wieder eine Erfüllung des Gesetzes in der Aufhebung einer Schranke, und das in der letzten und höchsten Form. Das Gesetz sagt: «Du sollst deinen *Nächsten* lieben». Es versteht unter dem Nächsten den Sippegenossen, den Volksgenossen, den Rassegenossen, den Religionsgenossen. Diese soll man lieben; diesen soll man Gutes und Freundliches erweisen; an diese gibt es eine starke sittliche Bindung. Das Gesetz schafft also auch hier eine Verpflichtung, ja Heiligung. Es hegt ein bestimmtes Lebensgebiet durch einen Zaun ein. Es hält von diesem Lebensgebiet den Egoismus und Haß ab. Aber es schränkt es auch ein. Es zieht Grenzen. Was außer diesem Zaun ist, untersteht der Verpflichtung nicht. Dem Sippegenossen, dem Volksgenossen, dem Religionsgenossen, um nur diese zu nennen, gilt die Liebe, aber nicht dem Fremden oder gar Feinde; dem gilt der Haß.

F. Heißt es wirklich im Alten Testament: «Du sollst deinen Feind hassen»?

A. Es heißt mit ausdrücklichen Worten nirgends so, aber es gilt der Sache nach. Namentlich gilt es von den Feinden des Volkes. Denke an die Kriegsgeschichten des Alten Testamentes und an die Rachepsalmen. Aber es ist jedenfalls das Gesetz der *Gesellschaft*, der üblichen *Moral*. Und vor allem ist es das Gesetz der *Natur*, auf Feindschaft mit Feindschaft, ja sogar mit größerer Feindschaft, mit Feindschaft auf Zins und Zinseszins, zu reagieren. Daß es vor allem auch im Völkerleben gilt, braucht heute nicht besonders gesagt zu werden. Es gibt sogar politische Theorien, die davon ausgehen, daß der Mensch dem Menschen ein Wolf sei, oder, wie man heute sagt, daß alle Politik auf dem «Freundsein und Feindsein» beruhe und beruhen solle. Es gibt Verherrlichung des Hasses. Dem stellt Jesus seine Forderung entgegen: «Liebet eure Feinde!» Und er geht sogar weiter bis zum, nach der üblichen Übersetzung,

Segnen derer, die uns fluchen und dem Beten für die, welche uns beleidigen und verfolgen.

F. Ist das nicht zu viel verlangt? Kann man das halten? Kann man die lieben, die uns hassen und uns Böses tun? Lieben bedeutet doch, *Freude* an dem haben, was man liebt, am Kinde, am Weibe, am Bruder, an der Schwester, am Freunde, aber wie kann man Freude haben an Menschen, die uns hassen, schmähen, verfolgen, uns alles Böse antun? Ist das nicht sittliche Utopie? Ist das nicht Illusion? Ist das nicht doch ein zu hoher Gipfel?

A. Es gilt davon, was zu dem vorausgegangenen Worte vom Nichtwiderstehen gesagt worden ist: Man darf es nicht durch oberflächliches oder phantastisches Verstehen in unerreichbare Wolkenhöhen hinauf steigern; es ist ein realistisches Wort, es gilt für die Erde und nicht für den Himmel. Freilich unter einer Voraussetzung: der für die ganze Bergpredigt gültigen Grundvoraussetzung, daß *Gott* ist, der Herr und Vater, und daß unser Leben an ihm orientiert ist.

F. Aber bleibt es nicht doch schwer?

A. Gewiß. Es ist leicht, in einer Sonntagsstunde oder sonst in einem erhöhten Moment auch für die Feindesliebe zu schwärmen und zu rufen: «Seid umschlungen Millionen, diesen Kuß der ganzen Welt!» Aber anders wird es vor der Wirklichkeit der Tatsache, die *Feind* heißt. Ein Feind kann Furchtbares bedeuten. Er kann schlimmer sein als ein Mörder: ein Mörder tötet nur den Leib, aber ein Verleumder kann auch die Seele töten, und je feiner die Verleumdung ist, desto tödlicher wirkt sie. Kannst du den lieben? Und wenn du es auch könntest, wo der Feind bloß dich selber schädigt – könntest du es, wo es dein Volk trifft, deine Rasse, deine Religion, oder wo es deine Familie trifft, deinen Vater, deine Mutter, deinen Sohn, deine Tochter, deinen Bruder, deine Schwester, oder wo es deinen Freund trifft? *Darfst* du es? Kann heute ein Jude den Deutschen lieben, die seine gute Mutter, seinen teuren Vater nach Lublin deportiert hat? Kann ein Chinese den Japaner lieben, der mit Brandbomben seine ganze Familie gemordet hat? Kann ein Tscheche den Deutschen lieben, der ganze tschechische Dörfer dem Boden gleichmacht, die Männer erschießt, die Frauen deportiert, die Kinder irgendwo «eindeutschen» läßt; der hunderte von der Elite seines Volkes hinmordet, weil sie die Tötung eines Erzfeindes gebilligt hätten; der offenbar sein ganzes Volk morden will? Kann ein Pole diesen Deutschen lieben, durch den sein Volk auf ähnliche unsagbar grauenvolle Art ausgerottet werden soll? Kann es ein Norweger, ein Holländer, ein Belgier, ein Franzose, ein Serbe, ein Grieche? Allgemeiner gesagt: Kannst du den Mann lieben, der deine Schwester, deine Tochter geschändet hat? Kannst du das? *Darfst* du das? Mußt du, sollst du ihn nicht hassen? Mußt du, sollst du nicht nach Rache an ihm dürsten? Mußt du, sollst du ihn nicht töten, wenn du auf ihn triffst?

F. Was sagen Sie dazu?

A. Das Erste, was nötig ist, wenn wir vor dieser schwersten Forderung Jesu stehen, ist die *Ehrlichkeit*. Es gibt gerade in bezug auf sie viel *christliche Heuchelei*. Man weiß oder glaubt zu wissen, daß es ein Gebot Jesu ist, auch den Feind zu lieben, ihm zu verzeihen, gegen ihn freundlich zu tun. So bemüht man sich denn, dieses Gebot zu erfüllen. Aber man tut es nicht von Herzen. Man tut es, weil es ein Gebot Jesu ist. Man tut es mit saurer Mühe. Daraus entsteht eine schwere Heuchelei. Diese bloß zur Schau gestellte christliche Feindesliebe ist widerwärtiger als der ehrliche Haß. Nichts aber ist, wie wir bald weiter sehen werden, gerade Jesus mehr verhaßt als Heuchelei. Darum ist das Erste, daß wir in dieser Sache, gerade in dieser Sache, wahrhaftig seien. *Wenn du den Feind nicht lieben kannst, dann gestehe es dir und Andern und gebe nicht das Gegenteil vor.*

F. Ist man dann aber ein Jünger Christi?

A. Nein, aber ein ehrlicher Mensch, und ein ehrlicher Mensch ist besser als ein unehrlicher Jünger Christi. Ja, man darf es wohl kühnlich sagen: Gerade darin, daß du jede Heuchelei hassest, bist du zunächst ein Jünger Jesu, handelst du in seinem Geiste, gerade darin, daß du weißt: «Ich bin *dieser* Leistung der Jüngerschaft, der Feindesliebe, nicht fähig, wenigstens nicht in allen Fällen fähig, wenigstens jetzt noch nicht fähig.»

F. Aber wie kann man doch zur Erfüllung dieser schweren Aufgabe der Jüngerschaft gelangen?

A. Man muß zuerst wissen, um was es sich handelt. Man muß sich darüber klar sein, *was die Feindesliebe ist,* die Jesus meint, *und was sie nicht ist.* Es gibt gerade von dieser höchsten Sache so viele bloße Nachbildungen, Surrogate, ja Verfälschungen. Es gibt neben dem Gold und Silber der Liebe so viel Talmiliebe. Ganz besonders aber gilt dies von der Feindesliebe.

Was ist denn diese nach dem Sinne Jesu und was ist sie nicht?

Dreierlei ist sie *nicht.*

Zum Ersten: Es handelt sich nicht darum, daß du an deinem Feinde *Freude* habest in dem Sinne, wie du an deiner Braut oder deinem Kinde Freude hast. Das ist *eine* Form der Liebe; wir mögen sie die *natürliche* Liebe nennen; aber die Feindesliebe ist eine andere Art von Liebe.

Es gibt sodann auch eine bloß *schwärmerische* oder *sentimentale* Auffassung dieser Liebe, etwa im Sinne jenes «Seid umschlungen, Millionen!» Auch das ist nicht die Liebe, die Jesus meint. Solche Art ist Jesus fremd, und man soll sie nicht in das Evangelium hineintragen. *Jesu* Art, *seine* Liebe, ist zwar unter Umständen auch zart und weich, aber sie ist auch herb und männlich, und selbstverständlich immer wahr und echt.

Noch schlimmer aber ist eine dritte Art von Talmiliebe. Das ist jener *Pazifismus* und *Neutralismus*, der überall nur das Gute sehen und das Böse nicht als Tatsache zugeben will, der immer nur geltenlassen, rechtfertigen, beschönigen will. Diese Liebe ist ebenfalls schlimmer als Haß. Christus erklärt in der Offenbarung Johannis, daß er sie ausspeien will aus seinem Munde. Dieser Liebe gegenüber möchte man geradezu den Haß predigen, den heiligen Haß. Man möchte das Wort wagen: Wer des Hasses überhaupt nicht fähig ist, der ist auch der Liebe nicht fähig.

F. Was ist denn die wirkliche Feindesliebe?

A. Wir müssen uns, um auf diese Frage die richtige Antwort geben zu können, klar machen, was denn im Sinne Jesu *Liebe* überhaupt ist. Es ist von äußerster Wichtigkeit, daß wir dies tun. Denn die *falsche* Auffassung dieser Liebe ist eine der schlimmsten Entartungen der Sache Christi. Sie belastet diese auf verhängnisvolle Weise mit Utopismus, Heuchelei, Unnatur, Weichlichkeit und entfernt ehrliche, männliche Seelen von ihr. Vor allem müssen wir von ihr jeden Schein von *Sentimentalität* fern halten. Es muß Eins klar sein wie die Sonne und alle Nebel des Irrtums von dieser größten Sache vertreiben: *Die Liebe, die Jesus meint, ist die tiefe Empfindung der unbedingten Verbundenheit von Mensch zu Mensch und unbedingten Verpflichtung von Mensch zu Mensch.* Sie entsteht aus der unbedingten Verbundenheit mit Gott, dem Herrn und Vater, und der unbedingten Verpflichtung gegen ihn. Dieses Band kann durch die Feindschaft nicht aufgelöst werden. Auch der Feind bleibt, als Kind des Vaters, dein Bruder. Du hast nicht Freude an ihm, aber du fühlst Schmerz, tiefen Schmerz darüber, daß Feindschaft zwischen euch ist. Du empfindest, daß das nicht sein sollte. Du wärest glücklich, wenn es anders wäre. Du bist bereit, die Verbindung wieder aufzunehmen, von dir aus die Feindschaft aufzugeben. So du das empfindest, stehst du in der Feindesliebe. Du *sollst* aber so empfinden, du *mußt* so empfinden, wenn du mit Gott, dem Herrn und Vater, verbunden bist.

F. Ist das nicht immer noch schwer?

A. Ist der *Haß* nicht noch schwerer? Zerfrißt er nicht deine Seele? Erniedrigt er nicht dich selbst? Macht er dich nicht gemein? Treibt er dich nicht in eine Haltung hinein, die dir selbst zum Fluche wird? Wird er nicht eine Last, eine Sklaverei? Vor allem aber: Kommst du nicht durch den Haß von Gott ab, dem Herrn und Vater? Denn wie könntest du mit der Liebe verbunden sein, wenn du hassest? Muß es dir nicht eine Erlösung sein, den Haß aufgeben zu dürfen? Gerade diese Forderung Jesu ist ja eine *Freiheit*. Sie bedeutet ja im Grunde nicht: «Du *sollst* nicht hassen!», sondern «Du *mußt* nicht hassen!»

F. Also handelt es sich nicht um eine *Forderung*? Es ist ja doch ein Einwand gegen das Gebot der Feindesliebe: «Kann man Liebe *gebieten?* Ist sie nicht eine freie Gabe? Wie kann man Feindesliebe *fordern*?»

A. Man kann Liebe – wohlverstanden: *diese* Art von Liebe, nicht die bloß natürliche Liebe! – doch fordern und gebieten. Man kann fordern und gebieten, daß wir uns gegenüber dem Trieb des Hasses und der Rache jener unbedingten Verbundenheit von Mensch zu Mensch und unbedingten Verpflichtung von Mensch zu Mensch bewußt seien; das ist *Pflicht*, und Erfüllung der Pflicht darf man fordern, ja gebieten. Aber dieses Sollen wird, wie jedes andere, ein freies *Müssen*, ein Nichtanderskönnen, in dem Maße, als du dich vor Gott, dem Herrn und Vater, stellst. Ja, es wird zuletzt ein *Dürfen*.

F. Aber wie kann ich zu dieser Haltung auch in den schwersten Fällen, die ich genannt habe, gelangen?

A. Die Antwort ist die gleiche wie immer: Stelle dich vor Gott, den Herrn und Vater. Von ihm sagt Jesus, daß er seine Sonne aufgehen lasse über Böse und Gute und lasse regnen über Gerechte und Ungerechte. Du aber solltest sein *Sohn* werden dadurch, daß du ihn *nachahmst.*

F. Was ist mit diesem Bilde gemeint? Es ist doch nur ein Bild?

A. Es ist freilich ein Bild, aber es drückt ein gewaltiges Grundprinzip aus: *Unser Tun soll eine Nachahmung Gottes sein.* Gott ist großartig – darum sollst du auch großartig sein; Feindschaft aber ist kleinlich. Gottes Herz ist allumfassend – darum soll auch das deine allumfassend sein. Gehe hinaus in die Schöpfung. Siehe wie Gottes Sonne über allem scheint, auch über Schmutz und Häßlichkeit, auch über Schlangen und Raubvögeln. Siehe wie sein Tau auf alles fällt, auch auf Unkraut und Giftpflanzen. Willst du nicht auch so sein? Kannst du nicht von Gott aus auch auf die Bösen, die Ungerechten, die Feinde, deine Sonne scheinen lassen? Gehören sie nicht irgendwie auch zu ihm? Sie sind seine Feinde, und doch ist er ihr Gott, läßt seine Sonne über ihnen scheinen, seinen segnenden Regen auf sie strömen. Solltest du nicht, mit diesem Auge, auch etwas wie Freude an ihnen haben? Solltest du nicht, ohne Verdrängung der Wahrheit, auch Gutes von ihnen sagen können, soweit es der Wahrheit entspricht? Solltest du nicht ihnen Gutes wünschen, sogar sie segnen können? Tust du das nicht einem leiblichen Bruder gegenüber, auch wenn ihr entfremdet seid? Solltest du nicht für sie beten können – nicht für sie als Feinde, aber für sie als solche, die doch Kinder Gottes und Brüder bleiben? Alles vor Gott, *nur* vor Gott; denn dein Fleisch und Blut freilich könnten es nicht. Aber du bist ja ein Jünger Christi. Nur an dich als *solchen* ergeht die Aufforderung. Von dir darf doch etwas Besonderes, etwas Ungewöhnliches verlangt werden. Denn wenn du bloß gegen diejenigen Freundschaft und Liebe übst, die dich lieben, oder bloß gegen diejenigen, mit denen dich die Liebe der Natur verbindet, was hat das für einen Wert? Das ist doch selbstverständlich und das Gegenteil unnatürlich. Aber von einem Jünger Christi darf, ja muß etwas Besonderes verlangt werden, von einem Jünger Christi darf, ja muß, wie Vinet auf klassische Weise betont, das *Außerordentliche* verlangt werden – das, was über die bloße Natur, ja auch über das Gesetz, über die konventionelle Moral hinausgeht. Von einem Jünger Christi darf, ja muß das *Wunder* verlangt werden. Von einem Jünger Christi darf, ja muß die Feindesliebe verlangt werden. Gott verlangt sie von dir, wenn du sein Sohn sein willst, damit du sein Sohn werdest. Es geht im Reiche Gottes nicht anders. Sei sein Sohn, tue das Außerordentliche als selbstverständlich. Es *ist* selbstverständlich. Bedenke: Für einen Jünger Christi gilt im höchsten Sinne das Noblesse oblige!

F. Aber bleibt es nicht oft doch sehr schwer – in jenen furchtbaren Fällen?

A. Gewiß. Es geht in diesen Fällen ganz besonders nicht anders als auf dem Wege über Gott, den Herrn und Vater. Wie – wenn er selbst den Schuldigen nicht verstößt, keinen? Wie – wenn du an *deine* Schuld denkst, die bergehohe? Wie – wenn du bedenkst, daß dieser Schuldige trotz allem doch dein Bruder bleibt? Wie – wenn du auf das Kreuz Christi blickst, von dem die Liebe Gottes ausstrahlt in alle Tiefen hinein, auch auf dich? Strömt nicht diese Liebe, diese Vergebung, zu dir kommend, weiter zu dem Feind, dem Bruder? *Muß* sie das nicht?

F. Aber wenn der Andere nicht bereut, Feind bleibt?

A. Dann höre wenigstens du auf, Feind zu sein und warte, bis der Andere es auch nicht mehr ist. Wenn du es nicht mehr bist, so ist das vielleicht das Mittel dafür, daß er es auch nicht mehr sein wird. Fange du an. Du spürst den Segen dieses Anfangens als Befreiung.

F. Aber der Schaden, den mir der Feind antut?

A. Der Feind kann dir nicht schaden, wenn du ihn dir nicht schaden lässest. Er muß dir zuletzt dienen. Es muß alles gut werden. Er gedachte es böse zu machen, Gott aber gedachte es gut zu machen. Denen, die Gott lieben, müssen auch Feinde zum besten dienen. Glaube daran!

F. Aber ist das nicht wieder schwer zu glauben? In vielen Fällen allzuschwer? Gibt es nicht irreparablen Schaden?

A. Irreparables gibt es, wie Vinet sagt, für das Evangelium nicht. Gott hat wunderbare Wege auch dafür. Der Glaube daran mag schwer sein, aber er hat gewaltige Verheißung. Je schwerer der Glaube, desto größer der Lohn. Wir erleben auch dieses Wunder nur darum nicht, weil wir nicht recht daran glauben. Wenn wir daran glaubten, würden wir nach dem Worte Jesu in der Auferstehung und Wiederbringung die Herrlichkeit Gottes sehen[1].

F. Aber ist es nicht so, daß wir *Gericht* über die Feinde herabwünschen dürfen, ja müssen? Soll der Jude, der Pole, der Tscheche, der Norweger, der Holländer, der Belgier – und all die Andern! – nicht Gericht über den Deutschen herabwünschen, müssen sie es nicht, gerade auch von Gott, dem Herrn und Vater, aus, den jener durch sein Tun so furchtbar lästert? Sollen sie einfach verzeihen und vergeben?

A. Keineswegs. Das wäre jenes arge Mißverstehen der Liebe. Die Liebe darf wie die Wahrheit so auch die *Gerechtigkeit* nie aufheben. Über Missetat muß das Gericht Gottes kommen. Wir brauchen es weder zu wünschen, noch darum zu beten; es kommt von selbst. Die Sicherheit, daß das geschieht, ist auch geeignet, uns vor dem Haß – dem falschen, dem verzehrenden – zu bewahren. «Die Rache ist mein, spricht der Herr[2].» Und auch menschliche Gerechtigkeit muß sein. Aber muß es eine des Hasses und

[1] Vgl. Johannes 11, 10.

[2] 5. Mosis 32, 35.

der Rache sein? Muß nicht darüber noch etwas anderes stehen – so wie Gott über der Welt steht? Muß nicht auch Schmerz dabei sein, daß Gerechtigkeit und Gericht derart nötig geworden sind? Und darf, ja muß über dieser notwendigen Gerechtigkeit nicht auch *Gnade* sein? Würde, wenn diese nicht auch dabei wäre, nicht auch darüber wäre, nicht eine Gerechtigkeit des Hasses und der Rache sich selbst verzehren und so keine Gerechtigkeit mehr sein? Muß, in *diesem* Sinne, nicht doch die Liebe, die echte Liebe, das letzte Wort sein – von Gott aus, dem Herrn und Vater? Ist sie nicht doch, recht verstanden, die Rettung der Welt?

F. Aber was heißt denn, daß wir *vollkommen* sein sollen, wie der Vater im Himmel vollkommen sei? Ist das möglich?

A. Es ist möglich, wenn man es recht versteht, und alles Andere wird nur durch diese Möglichkeit möglich. Auch diesem Worte gegenüber waltet das Mißverstehen, daß man es in eine falsche Höhe hinaufschraubt. Schon die Übersetzung führt in die Irre. Sie sollte eigentlich lauten: «Ihr sollt *vollendet* sein. Ihr sollt *unbedingt* sein, sollt das höchste *Ziel* im Auge haben.» Bei Lukas 6, 36 steht sogar bloß «Ihr sollt barmherzig sein, wie euer Vater barmherzig ist.» Wenn man aber bei «vollkommen» bleibt, dann kann man meinen, wir müßten sozusagen eine Sammlung aller Tugenden sein, die an sich schön und wünschbar wären. Das wäre dann unmöglich. Es wäre auch eine ganz abstrakte Sache. Und auch keine erfreuliche Sache. Eine solche allgemeine Vollkommenheit kann nicht das Ziel unseres Strebens sein, sondern nur eine *individuelle*. Wir sollen als die, die wir sind, in der Eigenart unserer Gotteskindschaft und Gottessohnschaft uns vollenden. Und das sollen wir, indem wir zu Gott, dem Herrn und Vater, aufschauen, indem wir ihn nachahmen. Nicht das Gesetz mit seinen Schranken kann und soll uns genügen, sondern nur die Unbedingtheit und Unendlichkeit Gottes selbst. So in der Reinheit, so in der Wahrheit, so im Recht und so vor allem in der Liebe. (Wie es bei Lukas heißt.) Und das ist ja die große Regel der ganzen Bergpredigt: Sich an Gott orientieren statt an der Welt, der bloßen Moral oder der bloßen Religion – an seiner Macht, seiner Größe, seiner Heiligkeit, seiner Liebe. So gelangen wir zur Feindesliebe. Da wird das Schwerste zuletzt leicht und das Außerordentliche selbstverständlich.

F. Aber können wir dieses Ziel je erreichen? Entsteht denn nicht ein großes Ungenügen?

A. Es gilt auch davon das Wort: «Selig sind, die da hungern und dürsten nach der Gerechtigkeit; denn sie sollen satt werden.» Dieses Ungenügen ist jene *Armut*, welche die Voraussetzung des Reiches Gottes bildet.

F. Hat auch diese Forderung Jesu *politischen* und *sozialen*, nicht bloß privaten Sinn?

A. Ganz gewiß; erst recht. Sie gehört ja zum Reiche Gottes und seiner Gerechtigkeit.

F. Würde damit der *Krieg* aufgehoben?

A. Ganz gewiß. Denn wenn sich die Völker vor Gott, den Herrn und Vater, stellten, so könnten sie einander nicht hassen, müßten sie sich lieben, das heißt: sie müßten die tiefe Verbundenheit miteinander und die Verpflichtung gegeneinander erkennen und empfinden, müßten einander ihr Recht geben (und mehr als ihr Recht), müßten aneinander sogar Freude haben, müßten auch Gegensätze der Natur, Widerstreit der Interessen, ja Feindschaft überwinden. Auf der so verstandenen Liebe ruht der Friede, *jeder* Friede – auch der soziale.

F. Aber kann man eine solche Haltung nicht bloß von den Jüngern Christi verlangen?

A. Gewiß. Sie sollen vorangehen. Sind ihrer nicht doch viele? Und von ihnen aus, durch sie, mit dem Reiche Gottes, dem Reiche Christi, in der Kraft des heiligen Geistes soll diese Haltung die Welt erobern.

7. Die Unendlichkeit dieser Revolution der Moral

F. Ist damit die Revolution der Moral erschöpft?

A. Erschöpft? Sie ist an einigen Hauptpunkten aufgezeigt. Nicht mehr. Unsere Aufgabe ist, alle andern Forderungen und Probleme selbständig, als freie Söhne und Töchter Gottes, unter die damit aufgezeigten Gesichtspunkte zu stellen. Es ist die umfassende Revolution der Moral und der Welt!

F. Ergibt sich aus der Anwendung der Prinzipien der Bergpredigt eine *Ethik Jesu?*

A. Das hieße die Bergpredigt in ein Gesetz und die Botschaft vom Reiche Gottes in eine Wissenschaft verwandeln. Der Begriff der «Ethik» wie die Sache selbst stammen aus Griechenland, also aus einer Welt, welche den lebendigen Gott und sein Reich nicht kennt. «Ethik» bedeutet ein geschlossenes wissenschaftliches System, das eine ähnliche Rolle spielt, wie das Gesetz der Pharisäer und Schriftgelehrten. Der Bürger des Reiches Gottes aber lebt in allem reichsunmittelbar aus dem lebendigen Gott, seinem Herrn und Vater. Gerade darin besteht auch die Revolution der Moral durch die Bergpredigt, die neue und bessere Gerechtigkeit, die das Gesetz erfüllt, indem sie es aufhebt und das Gesetz aufhebt, indem sie es erfüllt, indem sie über das Gesetz hinaus in die Weiten Gottes weist.

DIE REVOLUTION DER RELIGION

Gott und die Frömmigkeit – das Gesicht und die Maske

F. Bezieht sich der große Gegensatz zwischen Gott und dem Gesetz und die Revolution, die Jesus bewirkt, indem er diesen Gegensatz aufdeckt, auch auf die *Religion*?

A. Freilich. Wie könnte das anders sein! Wir haben es ja auch schon angedeutet, als wir von dem Verhältnis zwischen dem Kultus und dem Bruder redeten. *Wir stehen in der Tat vor der ungeheuerlichen Paradoxie, daß Jesus, wie der größte Gegner der Moral, so auch der größte Gegner der Religion ist.* Er ist beides aus dem gleichen Grunde.

F. Das ist freilich eine ungeheuerliche Paradoxie. Sie mag Vielen als Lästerung erscheinen. Wie ist sie in Bezug auf die Religion gemeint?

A. Sehen wir zu! Jesus sagt:

«Behütet eure Gerechtigkeit davor, daß ihr sie nicht vor den Leuten übt, damit sie von ihnen gesehen werde. Wenn nicht, dann habt ihr keinen Lohn bei eurem Vater im Himmel. Wenn du [zum Beispiel] *Almosen* gibst, so sollst du es nicht vor dir her posaunen, wie die frommen Schauspieler in den Synagogen und auf den Gassen, auf daß sie von den Leuten gerühmt werden. Wahrlich ich sage euch: sie haben ihren Lohn dahin. Wenn du Almosen gibst, so soll deine linke Hand nicht wissen, was die rechte tut, auf daß dein Almosen im Verborgenen bleibe und dein Vater, der ins Verborgene blickt, dir vergelte.

Und wenn ihr *betet*, sollt ihr nicht sein wie die frommen Schauspieler. Denn sie lieben es, sich in den Synagogen oder an den Ecken der Straßen betend hinzustellen, damit sie von den Leuten gesehen werden. Wahrlich, ich sage euch: sie haben ihren Lohn dahin. Du aber, wenn du betest, gehe in dein Kämmerlein, schließe die Türe zu und bete zu deinem Vater, der im Verborgenen ist, und dein Vater, der ins Verborgene blickt, wird es dir vergelten. Nehmet euch dabei in acht, daß ihr nicht plappert wie die Heiden: denn sie meinen, daß sie wegen ihres Maulbrauchens[1] erhört werden. Werdet ihnen nicht gleich; denn der Vater weiß, wessen ihr bedürfet, ehe ihr ihn darum bittet. Ihr sollt so beten: Unser Vater, der du in den Himmeln bist! Geheiligt werde dein Name. Es komme dein Reich. Es geschehe dein Wille wie im Himmel so auch auf Erden. Unser tägliches «morgiges» Brot gib uns heute. Und vergib uns unsre Schulden, wie auch wir vergeben haben unsern Schuldnern. Und führe uns nicht in Bedrängnis, sondern erlöse uns von dem Übel[2]. Denn wenn ihr den Menschen ihre Fehler vergebet, so wird euer himmlischer Vater auch euch vergeben; wenn ihr aber den Menschen nicht vergebet, so wird euer Vater die Fehler euch auch nicht vergeben.

Wenn ihr aber *fastet*, so werdet nicht wie die sauersehenden frommen Schauspieler. Denn sie entstellen ihre Angesichter, um von den Leuten als solche die fasten gesehen zu werden. Wahrlich ich sage euch: Sie haben ihren Lohn dahin. Du aber, wenn du fastest, so salbe dein Haupt und wasche dein Antlitz, damit du als Fastender nicht von den Menschen gesehen werdest, sondern bloß von deinem Vater, der im Heimlichen ist, und dein Vater, der ins Heimliche schaut, wird es dir vergelten.» (6, 1–18.)

F. Wer sind diese Leute, welche Jesus mit seinem Tadel vor Augen hat und «fromme Schauspieler» nennt?

A. Es sind die *Religionsleute*, die «*Frommen*». Damals waren es besonders die Pharisäer, das heißt: «die sich Absondernden», heute haben sie andere Namen.

F. Aber Jesus meint doch bloß Ausnahmen, nicht die Regel?

A. Er meint, gelinde gesagt, die Tendenz; ja, er meint wirklich die Regel, er meint das Wesen, nicht bloß die Entartung.

---

[1] Ein Lieblingsausdruck Pestalozzis!

[2] Dazu kommt der spätere Zusatz: «*Denn dein ist das Reich und die Kraft und die Herrlichkeit in die Äonen hinein.* Amen!»

F. Aber es sind unter den Vertretern der Religion und Frömmigkeit doch so viele ernste und ehrbare Menschen?

A. Gerade darum wendet sich Jesus gegen sie; mit den Weltkindern, aber auch mit den verachteten Zöllnern und Sündern befaßt er sich nicht, jedenfalls nicht polemisch, und auch selten mit den bloßen Kirchenleuten, den Sadduzäern, sondern vor allem mit den Frommen, den Ernsthaften, den Strengen, den dafür Hochgeehrten.

F. Aber das tun unsere Pfarrer doch nicht?

A. Darum sind sie auch nicht wie Jesus: sie pflegen die Religion, er bekämpft sie.

F. Und unsere Gemeinschaftsleute?

A. Sie pflegen die Frömmigkeit, er bekämpft sie.

F. Und unsere Theologen?

A. Sie pflegen die Theologie, er bekämpft sie, besonders ihre Behandlung der Bibel.

F. Aber ist es nicht stark, daß er sie einfach *Heuchler* nennt? So heißt es ja in der üblichen Übersetzung. Glauben sie denn alle nicht im Ernste an das, was sie zu glauben vorgeben?

A. Doch, sie glauben es, aber es fragt sich wie.

F. Wie ist das gemeint?

A. Wir müssen wissen, was Jesus unter «Heuchelei» versteht. Man muß das Wort, das er wirklich über sie spricht, anders übersetzen und sagen: «*Maskenträger*» oder auch einfacher: «*Schauspieler*». Denn im Altertum trugen die Schauspieler Masken, wie sie es ja in etwas anderer Form auch heute tun[1]. Was Jesus jenen Menschen und damit der ganzen Sache, der sie dienen, der ganzen Art, welche sie vertreten, vorwirft und wovor er seine Jünger eindringlich warnt, das ist die *Schaustellung*. Sie ist für diese Menschen und ihre Art charakteristisch und wird freilich zur Unwahrheit,

[1] Das Wort «Hypokrites» des griechischen Textes bedeutet wirklich Schauspieler.

wird das, was wir Heuchelei nennen. Das ist das größte Übel, das mit der Religion und Frömmigkeit verbunden ist. Daß Jesus an dieser Stelle den Hebel ansetzt, das bedeutet seine ungeheure, noch wenig verstandene Revolution der Religion, die tiefste und schärfste Form seiner Revolution; das bedeutet noch die größere und aufregendere Revolution als die der Moral. Es bedeutet inmitten des Christentums jene ungeheure Paradoxie: *Jesus der große Gegner der Religion und Frömmigkeit.*

F. Woher kommt es, daß dieses Übel: die Schaustellung, die zur Heuchelei führt, gerade so stark mit der Religion verbunden ist?

A. Das hat einen einfachen und tiefgehenden Grund: *Jene Menschen haben nicht Gott, sondern bloß Religion.*

F. Was soll das bedeuten?

A. Wir stoßen damit auf den zentralen Kampf der Geschichte: den zwischen dem lebendigen Gott und den Götzen. Auf Seiten Gottes stehen in diesem Kampfe die *Propheten.* Sie kämpfen im Namen Gottes gegen die Religion, die sich an die Stelle Gottes setzt. Mit anderen Worten: Sie kämpfen für das Reich Gottes und seine Gerechtigkeit gegen die Religion. Das ist das Zentrum ihres ganzen Kampfes. Auf dem lichten Gipfel dieses Kampfes, hoch über der Religion wie über der Welt, steht Jesus. Aller Kampf der «freien Geister» gegen die Religion (wie gegen die Moral) ist harmlos und freilich auch oberflächlich, verglichen mit *seinem* Kampf. Wenn die Welt das doch einmal sähe! Er steht auf diesem Gipfel als Prophet der Propheten, als der, in dem die ganze Wahrheit *Gottes* erscheint, verbunden mit der ganzen Wahrheit des *Menschen.*

F. Wollen Sie das nicht noch weiter erläutern?

A. Das Grundübel, um das es sich in diesem zentralen Kampfe handelt, ist die *Verwechslung von Religion und Gott.* Daraus fließt die große, fundamentale Heuchelei, welche den Propheten gegen die Religion auf den Plan ruft. Das ist die umfassende Bedeutung derjenigen Worte der Bergpredigt, mit denen wir es nun zu tun haben. Wir wollen an das bisher Gesagte anknüpfen. Jene Menschen leben nicht aus *Gott*, sondern aus einem *Gesetz*. Diesmal ist das Gesetz die Religion. Die Religion ist eine Sache. Sie ist eine Lehre. Sie ist eine Institution. Sie ist eine Übung. Sie ist eine Überlieferung. Sie ist etwas, was von *außen* her an den Menschen kommt. Der Mensch übernimmt sie, gern oder ungern, er übt sie, gern oder ungern. Er meint damit wohl, *Gott* zu dienen. Aber es ist nicht Gott, was er darin hat, es ist Menschenwerk und Menschensatzung.

F. Wie entsteht denn daraus gerade die Schaustellung, die zur Heuchelei wird?

A. Da waltet ein einfaches Gesetz: Was bloß von außen kommt, das muß auch nach außen treten, und zwar im Sinne der Schaustellung. Religion, als Menschensache und Menschensatzung, muß auch von den Menschen *gesehen* werden, und zwar als Schaustellung. Anders ausgedrückt: Religion wird als Gesetz zu einem *Werke*. Sie wird, wie die Theologie sagt, ein opus operatum: ein Werk, das man pflichtmäßig tun soll. Ein solches Werk muß man naturgemäß *zeigen*. Und zwar wird es ein *saures* Werk, ein Werk, das *Mühe* kostet. Dafür will man auch einen *Lohn* haben, und der ist das Gesehenwerden vor den Menschen, das Ehre einträgt. Das ist ein starker Drang aller Religiosität und Frömmigkeit. So entsteht die Schaustellung, die zur Unwahrheit, zur Heuchelei wird.

F. Hat Jesus aber nicht selbst gefordert, daß die Jünger ihr Licht sollten vor den Menschen leuchten lassen, damit diese ihre schönen Werke sähen und ihren Vater im Himmel priesen?

A. Gewiß. Aber wir haben ja auch gezeigt, daß damit nicht eine solche Schaustellung gemeint sei.

F. Kann aber mit dieser nicht auch Besseres gemeint sein als Heuchelei? Will man damit nicht die Religion und ihre Werke zeigen, um Gott Ehre zu machen?

A. Das meint man wohl, aber man will in Wirklichkeit damit der *Religion* Ehre machen und halt doch auch sich selbst als einem Vertreter der Religion. Man will damit wohl auch *Macht* gewinnen, um der Religion (oder vermeintlich Gott) Ehre zu machen. Das ist der gewaltige Drang der Religion, der zu einem ungeheuern Übel anwächst und eine fundamentale Verderbnis der Sache Gottes und der Sache Christi geworden ist. Macht aber gewährt vor allem auch das *Geld*. Darum verbindet sich das Trachten nach Geld und Gut so oft und so verhängnisvoll mit Religion, Frömmigkeit, Kirche. Und überhaupt: Weil die Religion eine Sache ist, die, auf falsche Weise, von der Welt abzieht, auf gezwungene Weise, so entsteht daraus ein *Verlangen* nach der Welt, viel leidenschaftlicher als bei den Weltmenschen. Auch ist es bei diesen ehrlich, bei den Andern aber unehrlich; denn sie tragen die Maske der Ablehnung der Welt und ihrer Güter. Das wird dann zu jener Art, welche die Menschen so sehr von der Religion abstößt. Diese Weltverachtung wird Schauspielerei, wird Heuchelei. Immer und immer wieder stößt man darauf.

F. Kann dieses Verhältnis nicht auch umgekehrt werden, nämlich so, daß man in erster Linie die Welt sucht und die Religion bloß ein *Mittel* dafür wird?

A. Gewiß, das ist dann die religiöse Heuchelei der *Weltleute*. Sie mißbrauchen die Religion, den «Namen Gottes», für ihre rein weltlichen, politischen, sozialen und andern Zwecke. Das ist wieder ein ungeheures Übel. Auch die Privatmenschen, auch die sich zu den «Frommen» rechnenden, können die Religion und Frömmigkeit ganz so brauchen. Es ist unerhört, wie oft diese bloß *Maske* sind für die Durchsetzung des geltungssüchtigen, machtlüsternen, gewalttätigen, selbstischen, mammonistischen, gierigen Ich. Die Religion wird so zum Wandschirm, hinter dem sich alles Böseste verbirgt. Sie wird zur Sanktion des Bösen. Sie wird das schlimmste der Übel. Die Religion als Maske wird damit erst recht zur hassenswertesten und bekämpfungsbedürftigsten aller menschlichen Erscheinungen. Alle Propheten haben darum auch *diese* Aufgabe. Aber diese Form der Maske wird nur wirksam, weil es die *andere* gibt. Sie ist nur gleichsam die Umkehrung der andern. Wird die religiöse Heuchelei zerstört, so wird damit auch die weltliche unmöglich.

F. Und das *Sauersehen?*

A. Auch es fließt aus der gleichen Quelle. Denn diese Religion und Frömmigkeit ist wie gesagt eine saure Sache. Sie ist eine *Leistung*, und zwar eine schwere. Sie ist Menschensatzung, und zwar eine *lastende*. Sie ist eine *unfreie* Sache. Wer aber Fesseln trägt, der kann nicht fröhlich sein, namentlich wenn es künstliche Fesseln sind. Drum haben Religion und Frömmigkeit den düsteren Zug. Man kann es auch so sagen: Alle bloße Religion wird von selbst zum Götzendienst.

F. Auch die christliche?

A. Auch sie. Denn es gibt keine andere Wahl als die zwischen Gott und den Götzen. Aller Götzendienst aber macht düster.

F. Kann er nicht auch bloß *feierlich* machen?

A. Auch das. Eine gewisse Feierlichkeit, ein gewisser falscher Ernst gehört ja auch zu der frommen Maske und gehört zum besonders Unerquicklichen daran. Man gibt zwar in diesen Kreisen auch etwa die Losung «Freudiges Christentum!» aus und tut freudig, aber das ist dann auch oft nur Maske. Durch das erzwungene Lächeln blickt das Sauersehen. Es erfreut nicht; denn es kommt nicht von Gott. Es ist weniger ein Lächeln als ein Grinsen.

F. Aber warum nicht auch wirkliche Feierlichkeit und

wirklicher Ernst? Konnte man nicht mit wirklicher Feierlichkeit und wirklichem Ernst Apollo oder Pallas Athene dienen – und doch auch mit Heiterkeit?

A. Gewiß. Götterdienst ist nicht einfach Götzendienst. Aber wenn einmal der Eine Gott erkannt ist, dann gibt es nur noch die Wahl zwischen Gottesdienst und Götzendienst. Dann kann aus dem Willen Gottes Gesetz werden, in dem üblen Sinne, den wir nun im Auge haben: als Menschensatzung, und an Stelle Gottes die Religion treten. Dann aber wird die Frömmigkeit unfrei. Dann wird sie auch *fanatisch*, Fanatismus aber ist immer düster. Dann wird sie *unnatürlich*. Die Unnatürlichkeit ist der Fluch der Religion, besonders der christlichen, die sich von der bloßen Natur entfernen *muß*, dies aber so leicht auf falsche Weise tut. Das Gesehenwerden von den Menschen, das gesucht wird, ist auch von selbst Unnatur. Es wird alles dadurch falsch. Es wird umso falscher, als das Heiligste zur Schau gestellt wird, das am wenigsten zur Schau gestellt werden dürfte. Das Falsche aber kann nicht freudig machen.

Vergessen wir aber *ein* Moment nicht, das zum Grundthema der Bergpredigt wie des ganzen Evangeliums gehört. Das Gesetz, auch das Gesetz der Religion, kann man *erfüllen*. Denn es ist begrenzt. Dadurch wird es zum *Besitz*. Besitz aber macht *hochmütig* – er läßt auf Andere herabsehen. Aber dazu *braucht* man den Andern. Besitz muß man *zeigen* – er führt zur Schaustellung. Besitz muß man *hüten* – daraus folgt die Abwehr gegen andere Art, die den Frommen eignet, und das wird wieder zur Demonstration, es wird wieder zur Maske. Bedenken wir, daß solcher Besitz immer *unecht* ist. Denn Gott selbst kann nie Gegenstand eines solchen Besitzes werden. So erwächst aus dieser Tatsache wieder die Heuchelei. So entsteht das furchtbare Übel der Religion, so der Fluch der Religion für die Völker wie für die einzelnen Menschen.

F. Und worin besteht an dieser Stelle die *Revolution*, die Jesus schafft?

A. Es ist die gleiche wie immer: An die Stelle der Religion tritt das *Reich Gottes*. Diese Revolution ist überall gleich einfach und gleich großartig. Wie in bezug auf die Moral, so tritt in bezug auf die Religion an die Stelle des Gesetzes *Gott selbst* und die Unmittelbarkeit des Verhältnisses zu ihm. Nun ändert sich alles. Die Schaustellung hört auf. Von Gott sagt Jesus dreimal, daß er der sei, der im Verborgenen gefunden werde, ins Verborgene blicke und im Verborgenen vergelte.

F. Was bedeutet das? Ist Gott nicht auch *offenbar* wie die Sonne?

A. Gewiß. Aber er ist auch im Verborgenen, blickt ins Verborgene und vergilt im Verborgenen, will nicht Gegenstand von Schaustellung sein – weil er Gott ist, das heißt: weil in erster Linie er selbst gesucht sein will, weil er selbst gelten will, weil er den Menschen nur so wirklich Gott, der Herr und Vater, sein kann und will. Denn Gottes Name soll geheiligt werden. Gott ist als Gott das innerste Heiligtum des Menschen. Er ist darum wohl der wie die Sonne offenbare Gott, aber das Verhältnis des Menschen zu ihm muß ein letztes, tiefstes, zartestes Geheimnis sein. Im Verborgenen will er darum gesucht und gefunden sein, ins Verborgene blickt er darum, im Verborgenen vergilt er darum.

F. Aber darf und soll dieses heilige Geheimnis nicht auch hervortreten in Worten und Taten des *Bekenntnisses?* Verlangt das nicht Jesus selbst?

A. Das Heraustreten als Bekenntnis, ja, aber nicht das Heraustreten als Schaustellung. Das sind zwei himmelweit verschiedene Dinge. Bekenntnis bedeutet, daß man sich zu Gott gegen die Welt stellt, Schaustellung, daß man Gott an die Welt preisgibt. Es ist mit der Umkehrung, die Jesus vollzieht, das *Motiv* der Schaustellung aufgehoben und damit die Wurzel dieses ganzen Übels ausgerissen, eben dadurch, daß an die Stelle der Religion, welche Menschengebilde und Menschengesetz ist, Gott tritt, der Herr und Vater. Das Verhältnis zu ihm ist nicht mehr ein *Werk*, das man zu zeigen versucht wird, es ist Gabe und Gnade. Es ist auch kein *Besitz*: Gott muß immer wieder gesucht werden. Vor Gott sind wir immer arm, und nur wenn wir arm sind, können wir ihn finden. Der Aufblick zu Gott, dem Herrn, dem Großen, Heiligen, macht demütig; das Verhältnis zu Gott, dem Vater, dem Gütigen, macht kindlich. Es ist nicht mehr etwas, was von *außen* kommt und Last wird. Es ist die innerste Freiheit des Menschen. Gott ist Freiheit und gibt Freiheit. Freiheit aber macht *froh*. Darum hört das Sauersehen auf. Es hört aber auch die falsche *Feierlichkeit* auf und der falsche *Ernst*. Diese werden vor Gott, dem Herrn und Vater, kindisch und lächerlich; denn vor ihm bekommt das Leben den *rechten* Ernst. Und auch die rechte Kindlichkeit. Kindlichkeit aber ist *Natürlichkeit*. Die Religion entfernt von der Natur, Gott aber führt zur Natur zurück. Es hört das Hungern und Dürsten nach der *Welt* auf, das der bloßen Religion eignet. Denn diese kann, als Gesetz, als Menschenwerk, die Seele nicht ausfüllen; Gott aber schenkt der Seele die Unendlichkeit seines Lebens und Reichtums. Er schenkt ihr auch die Welt, aber die von ihm geschaffene und erlöste Welt. Das Trachten nach *Ehre* hört auf – denn Gott ist die höchste Ehre. *Seine* Ehre wird gesucht, aber nicht durch Schaustellung, sondern durch Bekenntnis, in Wort und noch mehr in Tat. Man braucht aber nicht die Welt dazu, ihre Ehre, ihre Macht, oder gar ihr Geld. Das hieße Gott verleugnen. Er sorgt selbst für seine Ehre und Macht. Denn «Dein ist das Reich und die Kraft und die Herrlichkeit (‚die Ehre‘) von Äon zu Äon – Wahrhaftig!»

F. Muß man aber nicht auch dafür einstehen?

A. Gewiß. Aber durch die Darstellung, nicht durch die Schaustellung. Oft gerade durch Unehre vor den Menschen, durch Anfechtung, Verfolgung, durch das Kreuz – aber wahrhaftig nicht durch das «eiserne» oder irgend ein anderes dekoratives Kreuz.

Das ist die Revolution der Religion durch Jesus.

F. Aber verspricht Jesus nicht auch *Lohn?*

A. Das ist der große Anstoß, den je und je die Verständnislosigkeit an gewissen Äußerungen Jesu genommen hat. Sie wirft dem Evangelium *Lohnsucht* vor und stellt ihm – törichterweise! – Kants reinere Moral entgegen, die das Gute nicht um der Aussicht auf Lohn, sondern um des kategorischen Imperativs der Pflicht willen tun heiße, oder Spinozas Wort, daß der Lohn der Tugend die Tugend selbst sei. In Wirklichkeit gehört zum Zentrum des Kampfes Jesu gerade der Kampf gegen die Lohnsucht. Denn sie ist das Merkmal des Pharisäismus. Man denke auch an das Gleichnis von den Arbeitern im Weinberg und ihrem Lohn[1]. Wohl spricht Jesus hin und wieder vom Lohne, aber es ist immer Paradoxie. Gerade an der Stelle, bei der wir jetzt sind. Denn es ist ja ein Lohn «im Verborgenen», und dieser Lohn kann nach dem ganzen Zusammenhang nur Gott selbst sein, *seine* Billigung, *sein* Lob.

Denn der Lohn Gottes ist – Gott selbst, ist sein Reichtum, seine Freude, seine Freiheit, während der Lohn der Religion die *Welt* ist. So ist es gemeint. Der Lohn, der dem Menschen zufällt, wenn er Gott im Verborgenen dient, fällt bei jener Schaustellung dahin. Alles, was zur Schau gestellt wird, ist entwertet. Alles, was von den Menschen voll, übervoll belohnt wird, verliert den Lohn bei Gott. Und umgekehrt: Die höchste Aufwertung ist das Leiden

[1] Matthäus 20, 1–6.

um der Gerechtigkeit willen. Eine große Wahrheit. *Sie* meint Jesus, nicht den Lohn der Welt.

So steht Jesus gegen die Frommen und vollzieht die Revolution der Religion, welche die Auflösung der Religion in das Reich Gottes bedeutet.

F. Wird – wenn man so kühn sein darf, eine solche Frage zu stellen – Jesus in diesem Kampf nicht doch ungerecht? Die Frommen sind doch nicht alle so, wie er sie darstellt. Sicher waren sie es auch zur Zeit Jesu nicht. Wir wissen, daß die Pharisäer es waren, die, in der Nachfolge der Propheten, Israel vor dem Zerfließen in das Heidentum wie vor der Erstarrung in einer reinen Kultusreligion, die zu werden es in den Händen der Sadduzäer Gefahr lief, bewahrt haben. Vor beiden sollte der Zaun des Gesetzes schützen. Sie waren aber gerade die Vertreter des *lebendigen* Glaubens und viele von ihnen sehr weit und frei. Tut also Jesus den Pharisäern (die oft auch Schriftgelehrte waren) nicht Unrecht?

A. Ja und Nein. Ja: Die Darstellung Jesu ist allerdings mit den Maßstäben der Moral und der üblichen «Gerechtigkeit» gemessen ungerecht. Sie ist jedenfalls *einseitig*. Sie ist nicht ein objektives, streng historisches Urteil. Und doch wesentlich Nein. Denn wir müssen, um diese Haltung Jesu zu verstehen, an das Wort eines großen Jüngers, der sich ähnlich verhalten hat, über die Rolle des *Korrektivs* denken. Es muß, sagt Sören Kierkegaard, von Zeit zu Zeit einer herrschenden Einseitigkeit, die ein großes Übel geworden ist, die Wahrheit in herber Einseitigkeit entgegengesetzt werden, ohne Kompromiß, ohne Milderungen und Vermittlungen. So allein kann die Wahrheit wirken. So allein wirkt sie als Salz. Und darin besteht ihr Recht. Sie ist, so gesehen, nicht Unrecht, sondern hohes Recht. Sie ist Gericht. «Objektiv», «historisch», sorgfältig vermittelnd und ausgleichend redet der Professor, menschlich «ungerecht», aber im Namen der Wahrheit der Prophet. So reden alle Propheten Israels, von Elias bis zu Johannes dem Täufer, alle einseitig, alle menschlich «ungerecht», aber alle als echte Vertreter der Wahrheit Gottes. Denn das, was Jesus wie alle Propheten im Namen Gottes bekämpft, ist tatsächlich eine ungeheure Gefahr alles Weltwesens und eine ungeheure Macht. Die Sache Gottes, die Sache Christi, ginge daran zugrunde, sie verfaulte, wenn nicht dieses Salz wirkte: dieser Kampf der Propheten gegen Religion und Tempel, dieser Kampf Jesu gegen die Frommen. Welch eine Revolution, welch eine Erlösung, wenn er einmal recht gesehen und begriffen würde!

F. Wie sind in diesem Lichte die einzelnen Beispiele zu verstehen, an denen Jesus diese Revolution veranschaulicht?

1. Das Almosen

A. Es kommt zuerst das Wort vom *Almosengeben*. Schon das ist bedeutsam. Die Religion stellt, auf falsche Weise, das Verhältnis zu Gott in den Vordergrund, Jesus aber, wie alle Propheten, das Verhältnis zum Menschen.

F. Also Menschlichkeit, *Humanität*?

A. Ja, aber von Gott aus. Es ist die Gerechtigkeit des Reiches Gottes, wonach wir zunächst trachten sollen. Nicht Opfer, sondern Liebe[1]. Nicht Kultus, sondern Gottesdienst am Bruder. Nicht Sonntag, sondern Alltag. Nicht Kirche, sondern Welt. Das wußte man im Judentum, und der Ausdruck dieses Wissens war das Almosen. Es spielte darin eine fundamentale Rolle. Man sagte sogar für Almosen einfach «Gerechtigkeit».

F. Gibt es im Christentum etwas Entsprechendes?

A. Gewiß. Wir nennen es etwa *Liebestätigkeit*.

---

[1] Vgl. Hosea 6, 6.

F. Ist das nicht etwas Köstliches?

A. Gewiß, das ist es. Besonders ihre Geschichte.

F. Aber warum denn der Vorwurf der Schaustellung und Heuchelei, der wohl auch dieser christlichen Liebestätigkeit gilt, nicht bloß dem jüdischen Almosen? Und woher kommt denn *diese* Schaustellung und Heuchelei?

A. Daß bei den jüdischen Frommen diese Schaustellung, die im Sinne Jesu Heuchelei, Schauspielertum, ist, vorhanden war, zeigen die Worte Jesu, die sicher offenkundigen Tatsachen entsprechen. Es kann aber nicht geleugnet werden, daß diese Schaustellung in weitgehendem Maße auch ein Merkmal der christlich-bürgerlichen (so müssen wir uns wohl ausdrücken) Liebestätigkeit ist. Die Ursache dieser Entartung einer edlen und großen Sache ist die, welche wir in der allgemeinen Erörterung aufgedeckt haben. Das Almosen (wie wir uns abkürzend ausdrücken können) wird weitgehend auch ein Werk des *Gesetzes*. Man tut es nicht aus dem Drang des Herzens, sondern «bloß» um Gottes und das heißt in diesem Falle um der Religion willen. Darum muß man es auch *zeigen*. Es fließt nicht aus dem Gott, der im Verborgenen ist, als freie Notwendigkeit. Dazu kommt noch ein Anderes, Wichtigeres, was das Almosen zu einer schlimmen Heuchelei macht: *Man muß es zeigen um des bösen Gewissens willen.*

F. Wieso um des bösen Gewissens willen?

A. Weil man sich heimlich bewußt ist, daß eigentlich etwas anderes nötig wäre: *eine Welt der Gerechtigkeit*, eine Gesellschaftsordnung, die dem Willen Gottes entspräche. Aber die will man nicht, und das soll durch die Maske der Religion in Form des Almosens verdeckt werden.

Es ist zu bedenken, daß auch hierin der Zaun des Gesetzes seinen Doppelcharakter zeigt. Dadurch wird ein Lebensgebiet *geheiligt*: die Pflicht gegenüber den Armen, im weitesten Sinne dieses Wortes. Aber es wird dafür die

Unendlichkeit und Unbedingtheit der Verantwortung für den Nächsten ausgeschlossen. Man gibt dem Armen ein Stückchen vom eigenen Gut und behält das Übrige als absolutes Eigentum. Es gehört aber eigentlich alles *Gott*. Das ist die Meinung der Bibel. Und das sollte in der ganzen Gesellschaftsordnung zum Ausdruck kommen. Nur das wäre die wirkliche Hilfe. Das spüren die religiösen Kreise. Daher ein Teil des Eifers ihrer Liebestätigkeit – nur ein Teil! – daher das «Almosen». «Man tut doch alles, was recht ist – es geschieht doch so viel!» So kommt es zu der großen Schaustellung, zu der großen objektiven Heuchelei bei so viel subjektivem gutem Willen. So muß die linke Hand wissen, was die rechte tut.

Das alles wird anders, wenn die Orientierung an Gott, dem Herrn und Vater, stattfindet. Dann wird der Zaun niedergerissen; dann dringt die Unbedingtheit und Unendlichkeit der Forderung Gottes in bezug auf den Bruder an das Gewissen heran. *Dann wird aus bloßer Liebestätigkeit soziale Gerechtigkeit und soziale Umgestaltung*. Und dann vergeht alle Selbstgerechtigkeit und bleibt übrig die unendliche *Schuld*. Das ist hierin die Revolution Christi[1].

2. *Das Gebet*

F. Und in bezug auf das *Gebet*? Wie kommt es hier zur Schaustellung? Und welches ist hier die Revolution Christi?

A. Es ist wieder das Gleiche. Auf drei Linien vollzieht sich nach den Worten Jesu die Entartung des Gebetes.

Das Gebet ist das Herzstück und das Symbol des Verhältnisses zu *Gott* überhaupt. In dessen Entartung tritt immer die Religion an die Stelle Gottes. Das kommt

[1] Vgl. dazu *Leonhard Ragaz:* Die Gleichnisse Jesu.

aber ganz besonders im Gebet zum Ausdruck. Es gibt dementsprechend zwei Arten von Gebet: das Gebet der Religion und das Gebet des Reiches. Das Gebet der Religion ist wieder ein Werk des *Gesetzes*. Man «muß», wenn man Religion hat, beten. Gebet ist ein frommes *Werk*, und zwar das wichtigste von allen. Man betet wohl auch gern um der eigenen Anliegen willen, um Hilfe in aller eigenen Not, äußerer oder innerer. Aber oft ist Gebet bloß Pflichtwerk: Darum muß es sich *zeigen*. Es muß überall dabei sein. Es muß die *Form* sein, durch die markiert wird, daß eine Sache «religiös» sei. Wo es fehlt, da scheint sie «profan» zu sein, rein weltlich; da ist «Gott nicht dabei». Das Gebet verfällt einer argen *Veräußerlichung*, es wird religiöses Formwesen, es wird Maske und damit ein Hauptbestandteil des ganzen religiösen Formalismus, der im Sinne Jesu «Heuchelei», das heißt Schauspielerei ist.

Für Jesus fällt auch das Gebet nicht in den Bereich des Gesetzes. Es ist kein Werk, keine Leistung, kein opus operatum, wie die Theologie sich ausdrückt, es ist eine Gnade, eine Freude, es ist das Atemholen der Seele auf den Bergen Gottes. Es ist nicht ein Gebot, sondern eine Erlaubnis; es ist kein Müssen, sondern ein Dürfen. Es ist das Reden des Kindes mit dem Vater; es ist das höchste Vorrecht der Söhne und Töchter Gottes.

Dieses Gebet bedarf nicht des Lohnes wie die Werke des Gesetzes und darum nicht der Schaustellung. Es vermeidet diese sogar nach Möglichkeit, weil das persönliche Verhältnis zu Gott das Zentralheiligtum der Seele ist. Nicht das ist Profanierung, wenn kein formales Gebet dabei ist, aber die Herausstellung des Gebetes aus dem innersten Heiligtum ist Profanierung. Schon darum ist unser ganzes religiöses Gebetswesen durch Jesus gerichtet. Nur das Gebet im Kämmerlein gelangt zu Gott; was im Verborgenen zu Gott kommt, wird im Offenbaren «vergolten»,

d. h. es findet seine Erhörung, die dann aber auch nicht zur Schau gestellt werden darf.

F. Sollte es denn ganz unerlaubt sein, *öffentlich* und *gemeinsam* zu beten, etwa im Gottesdienst, in der Schule, in der Familie?

A. Jesus ist nicht Einer, der selbst wieder *Gesetz* aufrichtet. Ihm kommt es nie, weder positiv noch negativ, auf die bloße *Form* an. Er warnt vor der Schaustellung des Gebetes oder, anders gesagt, vor dem Gebet als Schaustellung, die aus der Auffassung des Gebetes als Gesetz und Werk fließt, und überläßt das Übrige uns. Es ist aber schon sehr revolutionär gemeint.

Die zweite Linie der Entartung des Gebetes aber ist die: Weil auf dem Wege des Gesetzes und der Leistung das Gebet zu etwas Äußerlichem geworden ist, verfällt es auch dem Gesetz aller Äußerlichkeit, dem *Quantum*. Es muß *viel* gebetet werden, je mehr desto besser. Mit dem Viel wird auch oft die Erhörung verbunden. Je mehr Gebet, in quantitativem Sinne, desto mehr Erhörung. Das ist das «Plappern» der Heiden, welche glauben, daß sie durch ihr «Maulbrauchen» erhört werden.

Denn auch diese Form der Entartung des Gebetes erklärt sich aus dem Grundfehler: daß man es dabei nicht wirklich mit *Gott* zu tun hat, sondern bloß mit der *Religion*. Denn wenn man es mit dem wirklichen Gott zu tun hat, weiß man, daß es keinen Sinn hat, gegen ihn viele Worte zu brauchen; ja man muß wohl sagen: Wenn man vor dem wirklichen Gott, dem Heiligen, lebt, so verbieten sich die vielen Worte von selbst – durch die Ehrfurcht. Es handelt sich jedenfalls nicht darum, Gott, dem wirklichen Gott, dem Allgegenwärtigen, Allwissenden und Allweisen, ausführlich vorzutragen, was man braucht; er weiß es ja besser als wir.

F. Aber wozu dann noch beten?

A. Das Beten behält seinen hohen Sinn. Abgesehen davon, daß nicht alles Beten auch Bitten ist, sondern ein Teil davon, und vielleicht der edelste, Danken und Anbeten, ist auch das Bitten, wenn es auf die rechte Art geschieht, nicht unnötig und unnütz. Wir werden, wenn wir die Dinge durch Bitten bekommen, uns eindringlich bewußt, von *wem* wir sie bekommen, also alles bekommen – denn wir sollen ja *alles* in unsere Bitte einschließen! – und wir lernen damit auch, wie wir sie recht *verstehen* und recht *brauchen* sollen. Das ist aber zentral wichtig. Darum können wir doch vieles nur bekommen, wenn wir darum bitten. Darum kann, umgekehrt, Gott uns Vieles nicht geben, wenn wir ihn nicht darum bitten. Das ist eine sehr wichtige Sache. Gott, der Vater, muß und will in *diesem* Verhältnis zu seinen Kindern stehen.

F. Aber ist nicht doch eine doppelte Frage erlaubt?

Einmal: Sollte das viele Beten, das ein Teil des katholischen Kultus ist (denken wir an den Rosenkranz oder an die «ewige Anbetung» des darnach genannten Ordens) einfach heidnisches «Plappern» sein? Und darf man wirklich nicht *anhaltend* beten, vielleicht ganze Nächte lang – wie Jesus selbst es getan hat? Redet er nicht im Gleichnis (Lukas 18) von dem Schreien der Auserwählten, Tag und Nacht, das Erhörung findet?

Sodann: Hat es nicht auch manchmal einen guten Sinn, wenn *Viele* gleichzeitig und anhaltend, vielleicht achtundvierzig Stunden oder eine Woche lang, um das Gleiche bitten, etwa um den Frieden? Gibt es nicht auch hierin einen Segen der Gemeinschaft?

A. Ich antworte:

Es sei wiederholt: Jesus ist kein Gesetzgeber; es kommt ihm überall nicht auf die Form an, sondern auf den Geist. Gewiß hat der Jakobskampf und Gethsemanekampf auch sein Recht. Aber auch die dauernde Anbetung.

Nur darf diese nichts anderes sein wollen, als solche, sonst wird sofort heidnischer Aberglaube daraus. Zum Zweiten. Einen solchen Segen für das Gemeinschaftsgebet mag es wirklich geben, aber er wird einer bloßen Form, einem bloßen Quantum nicht zuteil werden, sondern bloß einer gemeinsamen heiligen *Sache*, die von selbst zum gemeinsamen Gebete wird, sonst ist wie gesagt der Aberglaube da, und zwar in der Form der Magie, welche darin besteht, daß man Gott mit dem vielen Reden und dem Reden Vieler glaubt *zwingen* zu können. Das ist dann Geplapper und wird von Gott gerichtet.

Mit andern Worten: Es gibt ein bloßes *Religionsgebet*, das einiges Recht für sich hat, aber mit viel Gefahr verbunden ist, und es gibt ein *Reichsgebet*, welches das Gebet ist, das *Jesus* meint.

In bezug auf das viel oder wenig Reden treten sich diese beiden Arten von Gebet urtypisch an jener Stätte gegenüber, wo zwischen dem falschen und dem wahren Gott, zwischen Jahve und Baal, das heißt zwischen dem lebendigen Gott und dem Götzengott, entschieden wird: auf dem Karmel. Dort schreien die Baalspriester stundenlang: «Baal, erhöre uns! Baal, erhöre uns!» und machen sich zur Unterstützung ihres Schreiens blutige Einschnitte, «aber da war keine Stimme noch Antwort». Elias aber, der Vertreter des lebendigen Gottes, spricht zu diesem nur ein paar Worte, und das Feuer der Erhörung fällt vom Himmel.[1]

Aber es gibt noch eine dritte Linie der Entartung des Gebetes. Das Gebet der Religion, das nicht zu Gott selbst, dem wirklichen Gott, geht, sondern in der Religion und bei dem Religionsgott haften bleibt, bezieht sich durchgehends auf Angelegenheiten der *Menschen*, welchen Gott zu Hilfe kommen soll, sogar allermeist auf *private* Angelegen-

---

[1] Vgl. I. Könige 18.

heiten. Es ist das *Ich*-Gebet, und dieses Gebet läuft Gefahr, zu einem Hauptorgan des *religiösen Egoismus* zu werden. Es ist, anders gesagt, ein besonders fruchtbarer Boden für diese vielleicht schlimmste der geistigen Wucherpflanzen, die das ganze religiöse Wesen giftig und vergiftend durchziehen. Es ist darum auch das Mirakelgebet. Es hat im Grunde keine Verheißung.

Das Gebet Jesu aber ist das Reichsgebet. Das bedeutet: *Es geht nicht auf die Sache des Menschen, sondern auf die Sache Gottes*, und auf die Sache der Menschen bloß insofern und soweit sie auch Sache Gottes ist. Es geht nicht auf die *private* Sache der Menschen, sondern geht auf das *Reich Gottes* und darf auf die private Sache, besser: die individuelle Sache des Menschen nur gehen, soweit sie sich der Sache des Reiches einordnet.

Durch diese Auffassung des Gebetes bekommt dieses wieder einen ganz andern Sinn als das Religionsgebet. Nun kann vollends von Schaustellung und Geplapper keine Rede mehr sein. Aber nun tritt auch die Frage der *Erhörung* in ein neues Licht. Sie ist nicht so sehr die Hauptsache, wie sie es im Religionsgebet ist. Das Gebet bekommt vielmehr den Hauptsinn, *daß es Organ der Mitarbeit des Menschen am Werke Gottes wird.* Im Gebet des Reiches erkennt der Mensch Gottes Sinn und Willen; es ist dafür die eigentliche Schule. Das ist mehr als alles, was wir gewöhnlich Erhörung nennen. Aber die *direkte* Erhörung wird diesem Gebet doch auch auf ganz andere Weise zuteil als dem bloßen Religionsgebet. Es tritt an die Stelle des Mirakels das *Wunder*, und es erfüllt sich das Wort: «Alles ist möglich dem, der da glaubt.» Davon ist später noch eingehender die Rede.

F. Noch eine Frage: Sollten wir denn nur um das Reich bitten dürfen und nicht auch für uns selbst, für Andere und Anderes?

A. Diese Frage ist eigentlich schon beantwortet. Wir dürfen sicher auch für uns persönlich und für Andere und Anderes bitten ohne die direkte Form des Reichsgebetes. Aber es muß doch unser zentrales Streben sein, Alle und Alles, in erster Linie aber uns selbst in das Trachten nach dem Reiche Gottes und seiner Gerechtigkeit einzuschließen; in dem Maße, als wir das tun, wird uns das Andere « zugelegt » werden.

Das göttliche Muster des Betens im Sinne Jesu ist das *Unservater*. Es ist das eigentliche Reichsgebet.[1] Es ist von größter Einfachheit und Kürze, aber von unendlichem Reichtum und unendlicher Tiefe. Schon durch die *Anrede* ist es charakterisiert. Es wendet sich wirklich an *Gott*, den Vater und Herrn. Sein Name, d. h. sein Wesen und Sein soll geheiligt werden. *Ihm* gilt es, nicht der *Religion;* seine Sache soll nicht religiös-egoistisch in den Dienst des Menschen gezogen werden. Es wird nur um das *Reich* gebetet, nicht um rein private Dinge. Darum heißt es durchgehends nicht «mein» oder «mir», sondern « unser » und «uns». Unser individuelles Bedürfnis ist freilich in die Bitte um das Reich Gottes eingeschlossen und erhält gerade dadurch sein volles Recht; aber *zuerst* kommt die Sache Gottes. *Sein* Reich soll kommen: zu *uns*, auf die *Erde*, nicht wir zu seinem Reich in einem fernen *Jenseits* und nicht erst nach dem «jüngsten Gericht» nach der «Auferstehung der Toten», sondern auch schon jetzt. Sein Wille soll auf *Erden* geschehen, nicht im Himmel, wo er schon erfüllt ist, aber er soll auf Erden so vollkommen geschehen wie im Himmel. Nicht soll die Erde in den Himmel hinaufgezogen werden, sondern der Himmel auf die Erde herab. *Alle* Wirklichkeit soll Gottes Willen gehorchen und ihm zum Ausdruck dienen, selbstverständlich auch die *politische* und *soziale*. Das Reich

[1] Eine andere, etwas verkürzte Fassung des bei Matthäus vorhandenen Textes findet sich bekanntlich bei Lukas, im Anfang des 11. Kapitels.

Gottes unterscheidet nicht, wie das traditionelle Christentum, zwischen einem *inneren* und einem *äußeren* Bezirk, nur jenen für Gott in Anspruch nehmend, diesen aber wesentlich dem «Fürsten dieser Welt» überlassend. Es hat vielmehr den Charakter, den jenes außerbiblische Wort Jesu ausdrückt, wo Jesus auf die Frage: «Meister, wann ist das Reich Gottes da?» antwortet «Wenn das Äußere sein wird wie das Innere und das Sichtbare wie das Unsichtbare». Es zielt auf die Fleischwerdung des Wortes[1]. Darum ist in das Reich einbezogen auch das materielle Leben, welches durch das *tägliche Brot* repräsentiert wird[2]. Die Botschaft vom Reiche Gottes ist nicht spiritualistisch, sondern materialistisch im Sinne des *heiligen* Materialismus, der das Brot durch das Wort zum Sakrament im weiteren Sinne des Wortes macht. Aber so notwendig wie das Brot ist die *Vergebung der Schulden*, mit andern Worten: zu den Elementen des Reiches Gottes gehört die rechte *Gemeinschaft* der Menschen. Sie muß auf jene tiefste Solidarität gegründet sein, welche in der gegenseitigen Vergebung der Schuld ihren heiligsten Ausdruck findet. Und zwar heißt es nicht: wie auch wir «*vergeben*», sondern wie auch wir «*vergeben haben*». Denn keiner darf den Vater um Vergebung der Schuld bitten, welcher nicht vorher schon durch Vergebung der Schuld gegen den Bruder den Vater und seine Liebesordnung anerkannt hat. Aber wir sollen auch bitten, daß wir aus aller Bedrängnis («Versuchung») dieser Welt («dieses Aeons») *erlöst* werden zu der Freiheit und Herrlichkeit des Reiches. (So erklärt sich zwanglos die sonst rätsel-

---

[1] Es heißt ja auch nicht: «Das Reich Gottes ist inwendig in euch», sondern «Das Reich Gottes ist mitten unter euch» (Lukas 17, 20 f.). Und wenn Jesus zu Pilatus spricht: »Mein Reich ist nicht von *dieser* Welt», so heißt das nicht, daß sein Reich eines im Jenseits sei, sondern, daß es das Reich der *kommenden* Welt sei, anders geartet als «diese» Welt.

[2] Die richtige Übersetzung müßte lauten: das «*morgige*» Brot oder das «*nötige*» Brot – was beides noch einen besseren Sinn hat als «täglich».

hafte Stelle, die man gewöhnlich mit «Führe uns nicht in Versuchung» [zum Bösen] übersetzt, wo dann Gott zum Versucher wird anstelle des Satans.) Es ist eine konkrete Form der Bitte um das Reich, womit das Gebet des Reiches schließt. Das letzte Wort stammt ja nicht von Jesus selbst, bildet aber einen machtvollen Schlußakkord.

Diese Anweisung zum rechten Beten, die Jesus seinen Jüngern gibt, will selbstverständlich nicht eine neue stereotype *Gebetsformel* sein, wozu das Unservater im Kolossalmaßstab mißbraucht worden ist (das ist ein Teil des Abgleitens vom Reiche Gottes in das Christentum), sondern ein Hinweis auf das freie und selbständige Gebet der Bürger des Reiches Gottes, der Söhne und Töchter Gottes, die seine Mitarbeiter sein sollen.

Das Unservater wird damit zum Symbol der umfassenden Revolution Jesu im Verhältnis des Menschen zu Gott. Nicht Religion, sondern Reich Gottes! Das Verhältnis zu Gott, dem Herrn und Vater, bedeutet eine neue *Welt*, eine Welt des Menschen, eine Welt der Gerechtigkeit, Freiheit und Bruderschaft, eine Welt des Sieges, der Freude und Herrlichkeit[1].

3. Das Fasten

F. Und das *Fasten?*

A. Das Fasten ist das Symbol der Arbeit an sich selbst und des Kampfes mit sich selbt im Namen Gottes. Es ist vor allem das Symbol der *Trauer* und der *Buße*. Als solches spielt es in der Religion eine gewaltige Rolle.

F. Warum führt es zum Sauersehen?

---

[1] Ich verweise für die Auslegung des Unservaters im einzelnen auf mein kleines Schriftchen: «*Das Unservater*». Nur die sechste Bitte verstehe ich jetzt anders.

Die Erklärung des Unservaters ist in dieser Kürze gehalten, weil der Verfasser darüber jene besondere kleine Schrift geschrieben hat und darauf verweisen darf.

A. Weil es ein *Werk* ist. Und zwar wesentlich ein Werk der Buße, also ein potenziert saures Werk. Darum muß man es *zeigen*, man kann es aber nicht zeigen ohne eine potenziert ernste Miene. So hielten es die Pharisäer, indem sie Asche auf ihr Haupt streuten, das Angesicht nicht wuschen und schmutzige Kleider trugen. So machen es die christlichen Frommen fast aller Art. Sie meinen, man müsse den Ernst der Haltung zu Gott durch eine ernste Miene zeigen. Es kommt damit eine Steifheit und Unnatur, ja Unwahrhaftigkeit in alles christliche Wesen hinein. Man meint, die christliche Gesinnung müsse sich überall durch diesen zur Schau getragenen Ernst kund tun, der dann zuletzt aber kein Ernst mehr ist, sondern auch nur Maske. Ach, diese Maske des Ernstes! Ach, wie sauer wird dieses christliche Wesen!

F. Und welches ist denn hier die Revolution Jesu?

A. Wieder die gleiche wie immer: Es muß auch hier an die Stelle der Religion Gott selbst treten, der Herr und Vater, der im Verborgenen zu finden ist, ins Verborgene blickt und im Verborgenen vergilt. *Ihm* gehört unsere Trauer und Buße. Sie wird entheiligt, wenn sie mit Absicht nach außen tritt.

F. Darf sie nicht auch nach außen treten? *Soll* sie es nicht sogar?

A. Sie soll es, aber als Bekenntnis, nicht als Schaustellung.

F. Ist also *Beichte* im weitesten Sinne erlaubt oder sogar geboten?

A. Noch einmal: Ja, als Bekenntnis, auf die rechte Art, aber nicht als Schaustellung. Das Geheimnis muß bleiben. Auch die Beichte muß zuerst im Heiligtum stattfinden und muß in gewissem Sinne immer im Heiligtum bleiben, darf nicht ins Schaufenster gestellt werden, sonst ist ihr Lohn dahin.

F. Worin besteht dieser Lohn?

A. Wie immer in Gott selbst. Und das ist hier die Revolution Jesu. Wenn die Arbeit an mir selbst, die im Fasten ihr Organ und Symbol hat, vor *Gott* geschieht, aus ihm kommt, dann wird sie nicht Sauersehen sondern *Freude*.

F. Aber sie soll doch tiefster Ernst sein?

A. Gerade aus dem tiefsten Ernst quillt die Freude; nur aus dem halben Ernst kommt Sauersehen. Aus dem Heiligtum der Buße vor Gott tritt der Mensch mit leuchtendem Angesicht. Und so aus jedem Verhältnis zu Gott selbst. So auch im tiefsten Leid. Gerade aus ihm kann die tiefste Freude brechen. «Selig sind, die da Leid tragen, denn sie sollen getröstet werden.» Oder wie der große Kirchenlehrer sagt: «Es ist unmöglich, daß nicht freudig sei, wer an den Herrn glaubt.» – Darum sollten Trauerkleider nicht schwarz, sondern weiß sein, darum überhaupt nicht das Schwarz das Symbol der Jüngerschaft Christi; darum, weil das Fasten auch Symbol der *ganzen* Sache Christi ist, ist diese Sache nicht eine sauerblickende, sondern eine sieghafte, freudestrahlende, ein Glanz der Erlösung. Das Lächeln kommt von Gott, ja auch das Lachen wird im Reiche Gottes heilig – es wird Lob Gottes, Ehre Gottes.

Wir können das, was Jesus an dem typischen Beispiel vom Fasten aufzeigt, nach seinem umfassenden Sinne so ausdrücken – damit auch die andern Beispiele einbeziehend –: *Die Religion* (so wie sie in diesem Zusammenhange verstanden wird) trennt auf falsche, weil äußerliche Weise Gott und Natur und damit Gott und Welt und führt so zu einer fundamentalen Unwahrheit («Heuchelei»); im *Reiche Gottes* tritt aus dem wirklichen Gott selbst die *wahre* Welt und *wahre* Natur hervor.

Das ist, wiederum nur in wichtigen Hinweisen gezeigt, die eine ganze Welt bedeuten, die Revolution der Religion durch Jesus – der Weg von der Religion zum Reiche Gottes.

DER STURZ DER GÖTZEN

F. Muß von der Revolution der Moral und Religion nicht auch eine Revolution der *Welt* ausgehen?

A. Allerdings. Es kann nicht anders sein. Und sie wird so tiefgehend und original sein, wie die der Moral und Religion. Die Umdrehung um hundertachtzig Grad, die erfolgt, wenn an die Stelle der Orientierung an der Welt die Orientierung an Gott, dem Herrn und Vater, gesetzt wird, ist uns schon am Eingangstor zur Bergpredigt, an den Seligpreisungen entgegengetreten. Sie bedeuten den kürzesten, mächtigsten und herrlichsten Ausdruck der Weltrevolution von Gott und Christus her. Aber die Seligpreisungen (und die Worte vom Salz der Erde und von dem Licht der Welt, die dazu gehören) bedeuten gleichsam nur die Ouverture einer gewaltigen Symphonie. Was darin als Thema auftritt, wird in der ganzen Bergpredigt weiter entwickelt und aus dem Allgemeinen ins Einzelne geführt.

Was nun die von Gott ausgehende Weltrevolution betrifft, so ist ihr Ausgangspunkt durch die bisherigen Erläuterungen gegeben: Es ist die *Wirklichkeit Gottes*, die an die Stelle der Moral und Religion (des «Gesetzes») tritt. Diese Wirklichkeit wird der Welt gegenüber zur *Revolution*, während Moral und Religion ihre *Sanktion* sind. Daraus entsteht aber ein Kampf auf Leben und Tod. In diesem Kampfe tritt Gott nicht bloß die Welt als Welt, sondern auch der «Fürst dieser Welt» entgegen. Mit andern Worten: *es wird ein Kampf zwischen Gott und den Götzen*. Als der stärkste der Götzen, der zum eigentlichen Gegengott wird, tritt der *Mammon* hervor.

Hören wir Jesus:

«Sammelt euch nicht Schätze auf Erden, wo Motten und Rost sie zerstören und wo Diebe durchgraben und sie stehlen, sondern sammelt euch Schätze im Himmel, wo weder Motten noch Rost zerstören, noch Diebe nachgraben und stehlen. Denn wo euer Schatz ist, da ist auch euer Herz.

Das Licht des Leibes ist das Auge. Wo nun das Auge einfach ist, da ist der ganze Leib licht. Wenn aber das Auge böse ist, dann wird der ganze Leib finster sein. Wenn aber das Licht in dir Finsternis ist, wie groß wird die Finsternis sein!

Keiner kann zweien Herren dienen. Entweder wird er den einen hassen und den andern lieben, oder er wird sich zu dem einen halten und den andern verachten: Ihr könnt nicht Gott dienen und dem Mammon.

Darum sage ich euch: Machet euch nicht Sorge um euer Leben, was ihr esset oder trinket, noch um euern Leib, was ihr anziehen werdet. Ist nicht das Leben mehr als die Nahrung und der Leib mehr als die Kleidung? Schauet auf die Vögel des Himmels: Sie säen nicht und ernten nicht und sammeln nicht in Vorratskammern, und euer Vater im Himmel nähret sie doch! Seid ihr denn nicht viel mehr denn sie? Wer von euch kann mit Sorgen seinem Alter eine Elle zusetzen? Und was macht ihr euch Sorge um die Kleidung? Lernet von den Blumen des Feldes, wie sie wachsen: Sie arbeiten nicht und spinnen nicht. Ich sage euch aber, daß auch Salomo in seiner Herrlichkeit nicht gekleidet war wie eine von ihnen. Also machet euch nicht Sorgen um das: ‚Was werden wir essen?' oder: ‚Was werden wir trinken?' Oder: ‚Was werden wir anziehen?' Denn euer himmlischer Vater weiß, daß ihr das alles nötig habt. Suchet vielmehr zuerst das Reich Gottes und seine Gerechtigkeit, so wird euch das alles hinzugefügt werden. Machet euch darum nicht Sorge um den morgigen Tag; denn der morgige Tag wird für sich selbst sorgen. Es genügt für jeden Tag seine eigene Plage.» (6, 19–34.)

1. Der Schatz

F. Inwiefern ist in diesen Worten Jesu die Weltrevolution enthalten?

A. Sie kündigt sich schon zu Beginn an in der Scheidung zwischen den *Schätzen* auf Erden und den Schätzen im Himmel. Es werden damit nochmals, aber auf neue Weise, Gott und Welt, Weltreich und Gottesreich, gegenübergestellt. Die Herrschaft Gottes über die Welt ist die Weltrevolution, die einzige, die zählt und von der alle andern, die Wert haben, ausgehen.

F. Was bedeuten denn die Schätze auf Erden und die im Himmel? Bedeuten die Schätze *auf Erden* bloß Geld und Gut?

A. Sie bedeuten alles, was die Erde geben kann: Macht, Ehre, Genuß, aber freilich vor allem Geld und Gut, und diese werden zum Symbol und zur Repräsentation aller andern Güter der Welt. Die Schätze *im Himmel* aber sind die Güter, die *Gott* gibt. Denn «im Himmel» bedeutet «bei Gott, in Gott, vor Gott». Es ist Glaube, Liebe, Hoffnung; es ist Wahrheit, Freiheit, Gerechtigkeit; es ist Reichtum der Seele, Freudigkeit des Geistes; es ist Arbeit am Reiche Gottes und Frucht dieser Arbeit; es ist vor allem und in allem Gott selbst.

Zwischen diesen beiden Reichen von «Schätzen» hat der Mensch zu wählen. Wo sein Schatz ist, da ist sein Herz, das heißt, da ist seine Liebe, sein Glück, sein Denken und Sinnen.

2. Das Auge als das Licht

F. Und was bedeutet die Stelle mitten hinein vom *Auge* und vom *Licht?*

A. Sie muß darauf Bezug haben. Wir müssen zwischen den beiden Reichen von «Schätzen» wählen, denen der

Welt und denen Gottes. Die Wahl vollzieht man mit dem Auge. Es schätzt die «Schätze» nach ihrem Werte. Es kommt also auf das Auge an. Dieses ist das Licht der Seele wie des Leibes. Auf zweierlei Art kommt es auf das Auge an. Es gibt ein *böses* Auge, ein stumpfes Auge, ein schlecht geschultes, ein farbenblindes Auge, ein Auge, das nicht sieht, was die Dinge wert sind, ein Auge, das sich blenden und verblenden läßt. Die «Schätze» der Welt haben aber gerade die Art, daß sie das natürliche Auge blenden und verblenden und den Menschen so verführen, daß sein ganzes Wesen in die Finsternis des Truges gehüllt wird. Und es gibt ein *gutes* Auge, das sozusagen von der Sonne der Wahrheit her sehend wird, das sich nicht durch Schein und Trug blenden und verblenden läßt, das die «Schätze» auf ihren rechten Wert prüft, das weiß, was in sich nichtig ist, sterben, verloren gehen oder geraubt werden kann und was ewigen Gehalt besitzt, unverlierbar besteht und das Herz wahrhaft reich macht. Man darf aber wohl noch eine zweite, ergänzende Auslegung hinzufügen: Das böse Auge kann auch ein *schielendes* Auge sein, ein Auge, das doppelt sieht. Es sieht – im Geistigen – halb auf die Welt, halb auf Gott. Es bleibt bei der Halbheit, es bleibt beim Hin und Her, beim Auf und Ab zwischen Gott und Welt – ein unseliger Zustand! Das *gute* Auge aber ist einfach (so steht es wörtlich im Texte), es sieht auf das Eine allein. Es wählt und erwählt das Eine. Es erkennt, was der rechte Schatz ist und wo das Herz allein sicher ruhen kann.

F. Wie bekommt man das rechte Auge und damit das rechte Licht?

A. Man braucht es nicht zu bekommen, man muß es nur bewahren, reinigen, benutzen, nicht ablenken lassen. Dieses Licht der Wahrheit ist in jedem Menschen. Es stammt aus Gott und sieht Gott. Man muß ihm bloß gehorchen, muß sich von ihm leiten lassen in allem.

Es fällt die rechte Entscheidung zwischen Gott und Welt, und damit zwischen Gott und dem *Mammon*.

3. Gott und Mammon

F. Warum stellt Jesus gerade Gott und Mammon einander so gegenüber, daß man sich zwischen ihnen entscheiden muß? Warum nicht etwa Gott und Gewalt, oder Gott und Ehre, Gott und Genuß?

A. Es ist eine uralte, tiefe Weisheit, der Jesus den letzten Ausdruck gibt. Gewiß, es gibt auch andere Gegenmächte Gottes, aber der Mammon, oder sagen wir das *Geld* (das Geld nicht als Tauschmittel, sondern als «Macht» verstanden!) ist erstens die greifbarste dieser Mächte; es ist «auf Erden der irdisch Gott»; es ist zweitens der Verbündete der andern, und es ist drittens ihr Symbol. Das Reich Gottes kämpft gegen die Religion, die Gewalt und den Mammon; der Mammon aber ist mit den andern im Bunde, erzeugt sie, stützt sie, trägt sie.

F. Warum ist gerade er besonders gegen Gott?

A. Aus zwei Gründen. Einmal: Weniges scheidet den Menschen stärker von Gott und damit vom Menschen als Geld und Gut, oder kürzer gesagt, als das Geld. Das ist einfach eine menschliche Grundtatsache. Man kann die Stellung eines Menschen zu Gott am besten nach seiner Stellung zum Gelde beurteilen: hängt er am Gelde, so ist er gottfern, möge er noch so «fromm» sein; ist er frei vom Bann des Geldes, so ist er in der Nähe Gottes, möge er noch so «gottlos» heißen oder selbst meinen, es zu sein. Denn man kann nicht Gott dienen und dem Mammon, und man kann nicht vom Mammon frei sein, ohne irgendwie Gott zu dienen.

F. Woher hat der Mammon, hat das Geld diese Kraft, von Gott und von den Menschen zu scheiden?

A. Das hängt einmal mit der Grundwahrheit zusammen, die am Anfang der Bergpredigt steht und das ganze Evangelium trägt: Man kann Gott und sein Reich nicht anders haben als in der Haltung und Gesinnung der *Armut*, als im Hungern und Dürsten nach der Gerechtigkeit. Besitz aber macht satt. Besitz macht hochmütig. Jeder Besitz, besonders aber der von Geld. Und von dem hängt ja meistens aller andere Besitz, auch der kulturelle, ab.

F. Macht Besitz *alle*, die ihn haben, satt und hochmütig?

A. Nicht alle. Bei Menschen ist's unmöglich, dem zu entgehen, aber bei Gott sind alle Dinge möglich.[1] Jedoch die *Tendenz* von Geld und Gut ist so. Es trennt von Gott und von den Menschen.

F. Inwiefern vom Menschen?

A. Solltest du nicht wissen, daß weniges die Menschen so stark scheidet und entzweit wie das Geld? Es schafft die großen *Unterschiede* zwischen den Menschen. Es erzeugt die Klassen und den Klassenkampf. Es wirkt Streit und Krieg im privaten Leben und als Ringen um die Märkte und Rohstoffe im Völkerleben. In diesem Sinne hat *Franziskus* sich einmal charakteristisch geäußert:

Der Bischof von Assisi sagte eines Tages zu Franziskus: «Eure Art, ohne Besitz zu leben, scheint mir sehr hart und schwer.» «Herr», antwortete er, «wenn wir Güter besäßen, hätten wir *Waffen* zu unserer Verteidigung nötig; denn da ist die Quelle der Streitigkeiten und der Prozesse, und die Liebe Gottes und der Nächsten pflegt daran viele Hindernisse zu finden. Das ist der Grund, warum wir keine zeitlichen Güter haben wollen.»

Das Geld verhärtet den Menschen gegen den Menschen. Denn weniges macht erfahrungsgemäß die Herzen so hart, so kalt, wie dieses harte, kalte Metall. Und nichts so gierig.

[1] Vgl. Matthäus 19, 26.

Das ist auch eine altbekannte Sache. Vom «verfluchten Hunger nach Gold» sprechen schon die Alten. Die Gier aber ist das eigentliche Zeichen der Gottesferne. Man bedenke weiter, wieviel *Unrecht* mit dem Besitz immer verbunden ist, wieviel Lüge auch. Jesus redet darum einfach vom «Mammon der Ungerechtigkeit» und vom «Betrug des Reichtums»[1]. Auch darum aber haftet am Gelde so viel Fluch. So wird überhaupt das Geld zum Fluche. Denke an die Geschichte vom Horte der Nibelungen, an dem ganze Völker zugrunde gehen! Sie ist, ins Kolossale gesteigert, die Geschichte unserer Zeit und Kultur. Das Geld trennt den Menschen von Gott und damit vom Menschen; das Geld trennt den Menschen vom Menschen und damit von Gott.

F. Nur das Geld allein?

A. Das Geld wird, wie schon gesagt worden ist, zum Repräsentanten von allem andern *Besitz*. Es ist das Symbol des Besitzes. Das ist es einmal, weil es, wie ebenfalls schon bemerkt worden ist, Zugang zu allem andern Besitz schafft, oder doch zu schaffen scheint. Der Mensch giert nach dem Gelde, weil er nach Macht, Ehre und Glück giert. Aus dieser Gier entsteht der Imperialismus: er will haben, behaupten, Macht und Ehre besitzen, um über die Menschen zu herrschen. Ihm verbündet sich der Militarismus; denn man kann, wie Franziskus in klassischer Einfachheit sagt, solchen Besitz nur bewahren, wenn man Gewalt übt. Im Kampf aber um solchen Besitz entsteht Klassenkrieg, Völkerkrieg, Weltkrieg. Der Kapitalismus, die moderne Kollektivform des Mammonismus, ist an der Wurzel oder gar die Wurzel von dem allem. Er ist auf dieser Linie die primäre Form des Abkommens von Gott, aus welcher die andern entsprungen sind. Es gesellen sich dann freilich zum Mammon noch andere Götzen: der Machtgötze, der Ehrgötze, der Glücks-

[1] Vgl. Lukas 16, 9 und Matthäus 13, 22.

götze, der Religionsgötze. Aber er bleibt der mächtigste von allen. Er wird der Vertreter von allen. Das Geld wird das Symbol von all diesen Götzen des Weltbesitzes, von all diesen «Schätzen» auf Erden und den Dämonen, die sie behüten und umstreiten. Und schließlich wird es sogar zum Symbol des «geistlichen» Besitzes und trennt durch diesen erst recht von Gott und den Menschen.

F. Giert der Mensch nach dem Gelde bloß, weil es das Mittel zu dem Zwecke der Gewinnung von Macht, Ehre, Glück und Genuß ist, und nicht auch einfach um seiner selbst willen?

A. Sicher auch um seiner selbst willen. Denn wir stoßen gerade hier auf eine Erscheinung, die auch sonst häufig ist: die Verdrängung des Zweckes durch das Mittel. Der psychologische Vorgang ist der, daß man so lange das Mittel um des Zweckes willen erstrebt, bis man über dem Mittel den Zweck vergißt und das Mittel um seiner selbst willen sucht. Und es gehört zu den letzten Tiefen der Psychologie, daß man das Mittel umso leidenschaftlicher erstrebt, als es bloß um seiner selbst willen, als an sich wertvoll, gesucht wird. Denn dann wird es erst recht zum *Götzen*. Der Götze ist ja immer das Geistlose, das bloß Seiende, das Sinnlose. Die Götzen heißen in der Bibel nicht umsonst «Nichtse». Das Geld eignet sich zum Fürsten der Götzen, gerade weil es an sich nichts ist, weil es vollkommen geistlos ist. Dadurch wird es zum Fetisch – und das ist dann der Mammon. Er wird zum Fetisch der Fetische. Er wird der Gegengott des Einen, lebendigen Gottes. Sein Bild ist das goldene Kalb. Jeder Götzendienst aber entwertet und versklavt den Menschen. Der Mensch wird dem Götzen geopfert. Der Moloch verzehrt Leib und Seele der Menschen, erwürgt den Geist, macht dumm und brutal; er verschlingt das Menschentum und die Menschheit selbst.

F. Welches ist denn nun die Beziehung zwischen dem Mammon und dem *Lichte*, das in uns ist?

A. Sie ist jetzt sehr klar: Nichts ist so geeignet, das innere Licht zu verdunkeln, das Auge für Gott und den Menschen blind zu machen wie der Besitz.

F. Gilt das bloß vom materiellen Besitz?

A. Es gilt auch vom geistigen und geistlichen, und von diesem vielleicht noch mehr. Wir haben es ja am Beispiel der Pharisäer gezeigt. Es ist besonders eine Gefahr aller Orthodoxie, ja sogar aller Theologie, auch aller «Gläubigkeit». *Alles* Haben oder vermeintliche Haben macht blind für Gott und die Menschen.

F. Wird dem Wort vom inneren Lichte nicht auch eine vom Zusammenhang mit dem Mammon unabhängige Bedeutung zugeschrieben, so zum Beispiel von den Quäkern?

A. Gewiß. Sie wollen damit gegen alle bloß äußerliche Autorität, die der Tradition, der Konfession, des Dogmas, der Theologie, auch der Bibel, auf die Unmittelbarkeit der Offenbarung der Wahrheit in jeder Menschenseele zurückgehen. Damit sollen alle Schranken, auch die der Religion, niedergelegt und dem Menschen die höchste Freiheit verschafft werden.

F. Ist das nicht eine große Wahrheit?

A. Gewiß. Es ist eine Grundwahrheit, ist das letzte Fundament aller Wahrheit, aber auch aller Freiheit; es ist die Magna Charta auch aller Demokratie, der weltlichen wie der geistlichen. Es ist auch die feste Burg und Gottesmauer gegen alles Götzentum. Denn damit tritt der lebendige Gott allen Götzen gegenüber; darin redet der Heilige Geist.

F. Aber welches ist nun die Beziehung dieses Wortes vom inneren Lichte zu dem Gegensatz von Gott und Mammon?

A. Eine Antwort darauf ist schon gegeben: Der Mammon

ist es vor allem, der dieses innere Licht verdunkelt. Aber als positive Ergänzung muß noch dieses hinzugefügt werden: Dieses innere Licht allein, das Licht Gottes im Menschen, deckt den Trug des Mammons auf. Bloße äußere Religion tut das nicht. Diese läßt, wie noch zu zeigen sein wird, nur zu gut das *Bündnis* zwischen Gott und Mammon herstellen. Nur das strahlende, von der Sonne der Wirklichkeit Gottes kommende Licht vertreibt diesen Trug, das Strahlen des Götzen. Es hat immer wieder gegen die Macht des Mammonismus inmitten der Sache Christi seinen Protest erhoben: so im alten Mönchtum, so in Franziskus, so an den «Armen von Lyon», so in den Spiritualen des heiligen Franz, so in den Lollarden und den hussitischen Brüdern – und es wird das in einer neuen Revolution Christi wieder tun.

F. Aber wie kommt denn das Menschenherz dazu, dem Götzen Mammon seine Macht zu geben? Was ist dafür der tiefste Grund?

4. Die Sorge

A. Die Antwort ist in dem gegeben, was Jesus von der *Sorge* sagt. Die Macht des Götzen Mammon ist die Sorge. Das ist ein sehr großes und tiefes Wort. Damit erst stoßen wir auf den letzten Grund der Lüge des Mammons.

F. Was ist mit der Sorge gemeint?

A. Wir wollen das zunächst mit einem andern Worte ausdrücken. Das Grundwesen der Welt ist die *Angst*. Es ist die Angst vor dem Schicksal, die Angst vor dem Tode, die Angst vor der Not, die Angst vor der Leere. Über diese Angst will der Mensch sich hinweghelfen. Er begehrt nach *Sicherheit*. Diese vor allem soll ihm das Geld verleihen. Weil aber die Angst *unendlich* ist, so kann nur unendlich viel Sicherheit – scheinbar – diese Angst vertreiben. Darum *sammelt* er sich Schätze auf Erden. Darum sucht er Geld und Gut und alles das, wovon es Symbol ist. Darum giert er nach dem Gelde, darum wird er wahnsinnig ob dem Gelde. Aber er will nicht nur Sicherheit, er will auch *Betäubung*. Diese sollen ihm Macht, Ehre, Genuß und vor allem der Reichtum an Geld verschaffen. Sie sollen ihm Gott ersetzen; sie sollen den Tod überwinden, ewiges Leben schenken. Erst wenn wir dies erkennen, blicken wir in das tiefste Geheimnis der Götzenmacht des Mammons. Das gilt besonders von den politischen und sozialen Steigerungen ins Kolossale, die dieser Besitzdrang erzeugt: der Vergottung von Volk und Staat, die im *Imperialismus* und seinen Gefährten zum Ausdruck kommt. Der *Kapitalismus* ist ein Riesenversuch, den Verlust Gottes durch das Geld zu ersetzen. Das ist seine tiefste Wurzel. Wenn wir dazu noch eine andere Form des Trachtens nach den Schätzen der Erde nehmen, die *geschlechtliche Sinnlichkeit als Gier*, als Begehren des Mannes nach dem Weibe und des Weibes nach dem Manne, und zwar das Begehren als Besessenheit – diesen gewaltigen Götzen, der vielleicht am stärksten mit dem Mammon konkurriert – ist das nicht auch ein Haben = ein Besitzenwollen? Und meint nicht auch darin, gerade darin, der Mensch, ohne es zu wissen, Gott und den Himmel, das Reich Gottes, die Überwindung des Todes zu haben – ein dämonischer Trug!

Diese Angst, welche die Wurzel der Gier wird, ist das, was Jesus mit der Sorge meint. Sie erzeugt jene Besessenheit, deren massivste Erscheinung das Trachten nach dem Geld ist. Sie treibt zum Kapitalismus, Imperialismus, Militarismus, Faschismus, Nazismus. Sie treibt zum Gipfel. Sie ist unendlich wie Gott, aber sie führt in diesen Erscheinungen nicht zu Gott, sondern zu den Götzen und vor allem ihrem stärksten – und vom Gipfel in den Abgrund, worin alle Schätze der Erde zugrunde gehen. Wie heute vor Augen liegt!

5. *Der Mammon und das Christentum*

F. Gibt es nur eine weltliche Form des Mammonismus und nicht auch eine *religiöse?*

A. Es gibt auch eine religiöse – und zwar als Krebsschaden der Sache Christi im Einzelnen wie im Allgemeinen.

F. Wie ist das möglich, da doch Christus Gott und den Mammon einander so scharf gegenüberstellt?

A. Weil man eben nicht Gott dient, sondern bloß der Religion und damit schließlich sich selbst, der Welt und den Götzen der Welt. Es tritt dann eine Ordnung in Wirksamkeit, der wir schon wiederholt begegnet sind: Wenn eine Sache *verboten* ist und man sie dennoch begehrt, dann begehrt man sie doppelt, dreifach, ja hundertfach. Weil das Gesetz Christi, wenn es nur Gesetz ist, zwar das Trachten nach Geld und Gut wie nach der bloßen Welt als Welt überhaupt verbietet, ohne dieses Trachten an der Wurzel durch Gott selbst, welcher dann der «Schatz» des Herzens wird, aufzuheben, so wirft sich dieses Trachten ganz besonders auf das Geld, weil das Geld das Symbol der Welt und ihrer «Schätze» wird, und weil die Weltlichkeit dieses Trachtens durch den Schein verdeckt werden kann, daß es der Ehre Gottes diene. Da aber die Religion immerhin vom Geist des Absoluten angehaucht ist, so kommt dieses Element auch in den christlichen Mammonismus hinein. Das ist, glaube ich, die Erklärung dieser paradoxen und furchtbaren Tatsache.

6. *Die Überwindung der Sorge*

F. Wenn die Sorge die Mutter des Mammons und der durch ihn bewirkten Weltverderbnis ist, wie kann sie denn überwunden und der Mammon gestürzt werden?

A. Die Antwort ist, wie immer, einfach: *Durch Gott, den Herrn und Vater, durch ihn allein.* Götzen stehen auf, wo Gott nicht ist; wo aber Gott ist, da stürzen die Götzen. Der Mammon stürzt nur vor Gott.

Denn Gott vertreibt die *Sorge*, er allein. Denn er vertreibt die *Angst*, er allein.

Denn Gott ist der *Herr* – er allein. Er steht über allen andern Mächten. Darum brauchen wir nicht Angst zu haben. Wir brauchen uns bloß an ihn zu halten. Er allein ist der wahrhaft *Unendliche*. Darum haben wir in ihm die Unendlichkeit und brauchen nicht nach einer falschen Unendlichkeit zu gieren. Er ist der Herr der Welt, und darum haben wir in ihm auch die Welt und brauchen ihre Schätze nicht zu begehren. Er ist der Herr, und darum ist die Sorge sinnlos. Wir können mit unserer Sorge nichts ausrichten; es hängt doch alles von ihm ab. Wir können unserm Alter keine Elle zusetzen, wir können bloß auf ihn vertrauen. Er allein ist unser Hort.

F. Soll das heißen, daß alles Sorgen doch nichts *nütze?* Sorgen wäre also bloß *Torheit?*

A. Gewiß. Nur gilt das nicht bloß vom *Verstande* aus. Der Verstand schützt nicht vor den Dämonen der Angst, die aus der gottleeren Welt aufsteigen. Es gilt nur von Gott aus, hilft gründlich nur von dort aus.

F. Kann aber nicht schon der Verstand aussagen, daß die Schätze auf Erden unsicher sind, daß Motten und Rost sie fressen und die Diebe durchgraben und stehlen? Ist es nicht eine alte Erfahrung, wie trügerisch die Sicherheit von Geld und Gut ist? Und drängt sie heute sich nicht auch dem Blindesten auf? Sind heute Geld und Gut nicht in Frage gestellt wie noch nie in der Menschengeschichte? Was ist aus dem fürstlichen Reichtum der russischen Herrenschicht geworden? Konnte man nicht vor kurzem noch ihre Vertreter an der Straßenecke sitzen und Streichhölzer verkaufen sehen? Und was wird aus dem ähnlichen Besitz, dem Geldbesitz und dem politischen und kulturellen, der Andern werden? Bricht nicht der Kapitalismus zusammen? Wankt nicht vor den Stößen des Welterdbebens Gott Mammon auf seinem Throne? Und mit ihm seine Genossen: Imperialismus und Militarismus, Nazismus und Faschismus? Kann man das nicht alles sehen, wenn man einfach das Auge des Verstandes hell erhält?

A. Kommt das Welterdbeben nicht von *Gott?* Ist es nicht der Blitz seines Zorns, der die Götzen zerschlägt? Ist es nicht das Feuer des wahrhaft Unendlichen, das alles so üppig wuchernde Endliche immer wieder verzehrt, im Großen und im Kleinen, im Kleinen und im Großen? Ist es nicht der *Fluch* des Geldes, an dem es zugrunde geht? Ist es nicht ein *Gericht* im Kolossalstil, wenn diese ganze, zum Weltgebirge gewordene Sammlung von Schätzen der Erde sich jetzt in den Flammen des Weltbrandes verzehrt? *Diese* Tatsache ist es, die das Wort Jesu meint, und so allein ist sie zugleich Rettung. Denn würde der Götze Mammon endgültig stürzen, wenn er, von Gott aus, nicht auch im Herzen und Gewissen der Menschen stürzte? Würde er sich nicht neu erheben, wenn nicht Gott in diese einzöge, wenn nicht anstelle des: «Sorget um euer Essen, euer Trinken, eure Kleidung und» – wir dürfen das heute hinzufügen – «eure Wärme» – das «Sorget nicht!» ertönte? Sorget nicht – Gott sorgt für euch, euer Vater, welcher der Herr ist. Er ist der Herr der Vergangenheit und Gegenwart, aber auch der Zukunft, des gestrigen und heutigen, aber auch des morgigen Tages. Du hast keine Gewalt über diesen. Er kann so ganz anders sein, als du erwartest. Darum überlaß ihn Gott, dem Herrn und Vater, der über ihm waltet und laß dir genug sein, mit ihm die Plage des heutigen Tages, der ein Repräsentant der *Gegenwart* überhaupt ist, zu überwinden.

Die *Zukunft* ohne Gott ist eine besonders furchtbare Dunkelheit, aus der die Sorgengeister und damit so viel Verdüsterung des Lebenstages quellen. Aber sie gehört Gott, dem Herrn und Vater, wie alle Zeit und Ewigkeit. Die Weltmenschen («die Heiden») haben das alles nicht. Für sie ist das Sorgen die gegebene Haltung. Ihnen ist höchstens ein weltlicher Leichtsinn möglich, der Bruder der gemeinsamen Mutter, der Angst. Ihr aber habet einen Gott, der Herr und Vater ist, ihr bekennt euch zu ihm durch Nicht-Sorgen, ihr verleugnet ihn durch Sorgen. Ihr sollt trotz der Sorgen *freudig* sein, sollt euer Haupt salben und euer Angesicht waschen.

F. Ist aber dieses Wort Jesu vom Nichtsorgen nicht utopisch – ähnlich wie das vom Nicht-Widerstehen? Ist es möglich, nicht zu sorgen? Sollen wir denn nicht für Essen, Trinken, Kleidung, Wohnung, Wärme sorgen? Und wenn nicht für uns, so doch für unsere Angehörigen? Ist das nicht Pflicht?

A. Wir dürfen nicht selbst die Worte Jesu zur Utopie machen, die Losung «Sorget nicht!» so wenig wie die: «Ihr sollt dem Übel nicht widerstehen – («euch nicht widersetzen!»). Jesus weiß so gut wie du, daß wir an diese Dinge *denken* und für sie *arbeiten* sollen. Er setzt das ja selbst voraus, indem er erklärt, daß das uns ja von den Vögeln des Himmels und den Lilien des Feldes unterscheide.

F. Aber was bedeutet denn die Losung: «Darum sollt ihr nicht sorgen!» und so fort?

A. Die Sorge, von der uns Jesus erlösen will, ist nicht die Sorge als *Fürsorge*, auch nicht die Sorge als *Bürde*, die wir zu tragen haben, die Sorge als *Schicksal* oder Schickung, sondern die Sorge als «*Macht*», die Sorge als Götze und Mutter der Götzen, die Sorge als die Angst der Welt. *Sie* muß verschwinden vor Gott dem Herrn und Vater. Ohne das wird auch die berechtigte Sorge, auch die Sorge für

Andere, zum Götzen, zur falschen Sorge. Man will dann sich oder Andere *sichern* durch Anhäufung von Sicherheiten. Aber wo ist das Ende? Die Angst ist unendlich. Nur der unendliche Gott, der Herr und Vater, ist ihr gewachsen.

F. Wird durch diese Einstellung nicht doch das Arbeiten und Fürsorgen entwertet?

A. Nicht das Arbeiten als Gottesdienst, wohl aber das Arbeiten als Götzendienst. Das Arbeiten, wo es bloß der Sorge entspringt, wird aber stets Götzendienst – und was für einer! Die ganze Hast unserer Arbeit, der Götzendienst der Technik, das Zeichen des Erfolges und des Profites über ihr stammt aus dieser Wurzel. Erst die Orientierung der Arbeit an Gott, statt an der Sorge, gibt der Arbeit Sinn und Segen wieder. Und mit einer dadurch befreiten Seele kann man leichter und besser, ja zuletzt sogar auch *mehr* arbeiten. Das Gleiche gilt von der Fürsorge. Sie macht als Götzendienst blind und dumm, aber als Gottesdienst sehend und weise.

F. Was bedeutet denn das Wort von den Vögeln des Himmels und den Lilien des Feldes?

A. Es ist nicht ein religiöser Lehrsatz, sondern eine Paradoxie – eine lächelnde Paradoxie. Jesus will uns damit das Auge öffnen, daß wir die Bestätigung dessen sehen, was er mit dem Worte meint, wir könnten mit all unsern Sorgen der Länge unseres Lebens keine Elle zusetzen: die überragende *Macht* Gottes, des Herrn, die alle Dinge in der Hand hat, und aus der alle Dinge letztendlich Leben und Bestand haben, die umfassende *Güte* Gottes, des Vaters, der auch aus seiner Schöpfung, den unendlichen *Reichtum* Gottes, quillt. Er will uns damit, wenn ich so sagen darf, zu einem *göttlichen Leichtsinn* ermahnen. Es gibt ja einen ungöttlichen Leichtsinn, aber es gibt auch einen göttlichen Leichtsinn; es gibt aber auch ein ungöttliches Schwernehmen und dagegen ein göttliches Leichtnehmen. Dieses ist gegenüber Geld und Gut die Haltung des Jüngers Jesu und Bürgers des Reiches Gottes. Daran vor allem erkennt man ihn.

F. Wie kann man zu dieser Stimmung und Haltung gelangen?

A. Die Antwort ist, wie immer, einfach: Indem man zu *Gott* geht, dem Herrn und Vater; indem man immer fester wird in der Empfindung seiner Macht und Güte.

F. Kann man damit frei werden von allen Anfällen der Sorge?

A. So wie von der Welt und all ihren Anfällen überhaupt! Wir können aus der Welt nicht heraus und darum nicht von den Angriffen ihrer Angst verschont bleiben, aber wir können wissen, wie wir diese siegreich *abschlagen.* So können wir, in dieser Welt lebend, nicht ohne Angriffe der Sorge sein. Aber wir können wissen, wie wir diese abschlagen. Wir können nicht verhindern, daß uns die Nebel der Weltsorge umgeben, aber wir können eine *Höhe* wissen, wo wir *darüber* stehen, wo über uns die Sonne der Freiheit strahlt aus dem blauen, unendlichen Himmel Gottes, des Herrn und Vaters.

F. Warum versinke ich denn so oft in der Sorge, trotzdem ich an Gott glaube?

A. Vielleicht darum, weil du nicht *recht* an Gott glaubst. Es fehlt dabei vielleicht an der Hauptsache. Und damit kommen wir zu einem entscheidenden Punkt: Du willst Gott vielleicht nur haben, um durch ihn von deiner *privaten* Sorge erlöst zu werden, von der Sorge um das Brot, die Kleidung, die Wohnung, oder auch um Gesundheit, Leben, Arbeit, Laufbahn, Stellung, vielleicht auch der Sorge wegen Schicksal, Schuld und Tod. Das alles bloß aus Rücksicht auf dich selbst. *Nach Gottes Sache aber frägst du nicht oder nur wenig.* Aber du darfst nicht vergessen, daß man Gott, den Herrn und Vater, nie für sich allein haben kann, sondern bloß mit seiner *Sache*, bloß in seinem *Reiche*. Darum ragt auch über all diesen Worten Jesu die über aller Wahrheit Gottes leuchtende überall und in allem den Weg weisende Losung: «*Trachtet am ersten nach dem Reiche Gottes und seiner Gerechtigkeit, so wird euch solches zufallen.*»

Nimm diese Sache, die Sache *Gottes*, nimm das Trachten nach dem *Reiche* als Erstes in dein Herz auf, lasse es deinen Schatz und Hort sein, und der Geist der Sorge wird von dir weichen. Versuche es! Sollte der, welcher dir so Großes zumutet und zutraut, nicht auch dafür sorgen, daß du alles hast, was du für Leib und Seele brauchst? Das ist die zentrale Wahrheit auch dieser Sache. So lange du bloß für dich selbst lebst, und auch das Verhältnis zu Gott nur daran orientiert ist, bleibst du im Bann der Sorge, sobald du aber für Gott lebst, sein Reich zuerst willst, wirst du aus dem Kerker der Sorge unter den freien Himmel Gottes geführt, zu seinen Vögeln und Lilien. Das ist das einfache, große Geheimnis: *Nur die Sorge für Gott macht frei von der Sorge der Welt.*

7. *Die Revolution der Gesellschaft*

F. Hat das Wort Jesu von Mammon und Sorge und vom Trachten nach dem Reiche Gottes auch einen *politischen* und *sozialen* Sinn?

A. Selbstverständlich. Denn wir sollen ja zuerst nach dem Reiche Gottes und seiner Gerechtigkeit trachten. Das ist ja doch der Sinn der ganzen Bergpredigt. Die Forderung und die Verheißung für den Einzelnen heben sich von *diesem* Hintergrunde ab. Nirgends kennt das Evangelium ein *bloß* individuelles oder gar bloß *privates* Verhältnis zu Gott und den Menschen. Die so lange allein gültige und meistens noch jetzt herrschende falsch individualistische (es gibt ja auch einen echten Individualismus) Auffassung des Evangeliums hat natürlich auch die ganze Bergpredigt individualistisch und damit einseitig ausgelegt. Aber es ist klar wie die Sonne, daß die Bergpredigt die Lebensordnung des *Reiches* Gottes ist. Das Reich Gottes jedoch ist wesentlich auch eine politische und soziale Sache; darüber läßt die Bibel keine Unklarheit. Im Lichte dieser Voraussetzung muß auch die ganze Bergpredigt ausgelegt werden. Wir haben es denn auch versucht, obgleich nur auf ungenügende Weise. Denn es sollte noch viel mehr *der* Gesichtspunkt ihrer Auslegung sein.

F. Aber was für einen Sinn hat denn die doch offenkundige individualistische *Form* der Bergpredigt?

A. Einmal: Die Bergpredigt ist eben immer an den Bürger des *Reiches* gerichtet, nicht an eine Privatperson. Sodann: Gewiß gehört es zum Wesen des Evangeliums, daß dieses im Gegensatz zum Alten Testament oder besser in der Fortführung und Erfüllung desselben, starkes Gewicht auf das Individuum als Träger des Reiches legt. Aber eben nur auf das Individuum als Träger des *Reiches*, nicht auf das rein private Individuum.

F. Und welches sind nun also die politischen und sozialen Konsequenzen der Worte Jesu von Mammon und Sorge und deren Überwindung durch das Reich Gottes?

A. Wir haben schon darauf hingewiesen. Die gewaltigen Götzenmächte, welche die Welt verheeren: Mammonismus, Imperialismus, Nationalismus, Kapitalismus, Krieg und Militarismus, Sexualismus, die Erniedrigung des Menschen zur Sache und zum Gegenstand der Ausbeutung, also alle Formen der Sklaverei, stammen zuletzt aus der Sorge, das heißt aus jener Gier, jener Leidenschaft des Besitzenwollens, die ihre letzte Wurzel in der Angst hat, die aber sich bloß an der *Welt* orientiert. Die Überwindung kann also nur aus der Orientierung an *Gott* stammen, die zum Reiche, das heißt zur Herrschaft Gottes führt und an die Stelle der Götzen Gott, den Herrn und Vater, setzt. Dieses Licht muß in der Menschenwelt wieder aufleuchten. Wo man Gott, den Herrn, ehrt, da ehrt man auch das, was dem Andern gehört: dem andern Menschen, der andern Klasse, dem andern Volk, der andern Rasse. Da ruht auf ihnen sein heiliges Recht. Wo man Gott, den Vater, kennt, da wird man durch ihn mit allen Menschen, allen Völkern, allen Rassen verbunden durch jene heilige, unbedingte und unendliche Verpflichtung, welche das Wesen der Liebe ist. Davor muß der *Krieg*, der Klassenkrieg wie der Völkerkrieg und Rassenkrieg vergehen. Wo man Gott, den Herrn und Vater, kennt, da quillt aus ihm jene *Sicherheit*, welche die Angst aufhebt. Wo man Gott, den Herrn und Vater, kennt, da quillt aus ihm die Fülle des Lebens, welche die *Gier* stillt, da schwindet die Leidenschaft des Begehrens nach mehr und mehr, da suchen die Völker in geistigem Ringen den Glanz seiner Ehre. Wo man Gott, den Herrn, kennt, da erwacht der Haß gegen die Götzen, da muß vor allem die *Geldherrschaft* stürzen, es kommt Gott zu Ehren gegen den Mammon, der Mensch gegen den Profit, da behauptet sich die Seele gegen die Technik, da entsteht eine Gesellschaftsordnung, die nicht mehr am Gelde und an der Maschine orientiert ist, sondern am Menschen. Wo Gott zu Ehren kommt, da entsteht sein Reich und seine Gerechtigkeit; daraus quillt eine neue Menschenwelt. Wir harren, wenn wir Gott, den Herrn und Vater, kennen, auf einen neuen Himmel und eine neue Erde, in denen Gerechtigkeit wohnt[1], nicht das Fatum. Aus seiner Gerechtigkeit quillt Friede, quillt Leben, quillt Freude, quillt Freiheit. Das ist die Weltrevolution Gottes, die aus Jesu Worten bricht.

---

[1] Vgl. 2. Petri 3, 13.

F. Ist diese Revolution möglich?

A. Sie ist möglich, weil sie notwendig ist. Und wir stehen ja an einer Weltwende. Das Weltgericht ist die Einleitung der Weltrevolution von Gott her.

F. Kann man also durch eine neue Gesellschaftsordnung die Sorge bannen und den Mammon besiegen?

A. Nicht durch eine neue Gesellschaftsordnung allein, sondern bloß, wenn Sorge und Mammon von Gott gestürzt sind und immer neu gestürzt werden. Sie müssen auch in den *Herzen* besiegt und gestürzt sein, wenn eine Gesellschaftsordnung bestehen soll, die nicht auf ihnen ruht. Der Grund und Boden muß erneuert sein.

F. Muß also nicht eine neue Stellung zum Besitze bei den *Einzelnen* eintreten?

A. Gewiß.

F. In welcher Form denn? Etwa durch Entäußerung des Besitzes? Nach der Weise des Franziskus?

A. In gewissem Sinne ja. Das Wort, das am Eingang der Bergpredigt steht und gleichsam das Vorzeichen zu ihr bildet, ist ja die *Armut*. So ist es eine Grundwahrheit: *Der Mammonismus der Welt wird besiegt durch die Armut des Gottesreiches*. Das ist der letzte Sinn dessen, was in Franziskus erscheint.

F. Sollen wir also den Franziskus nachahmen?

A. Das wäre falsch, wie jede Nachahmung falsch ist. Es kommt auf den Geist und Sinn des Franziskus an, und das ist nicht eine Schablone der Entäußerung des Vermögens, sondern die Überwindung des Lebens aus dem Mammon, dieser Konzentration des Welt- und Götzendienstes, durch *das Leben aus Gott*, für die Gesellschaft wie für den Einzelnen. Es ist das, was wir den Kommunismus Christi nennen können und dessen herrlichste Symbole die Agape, das Liebesmahl des Urchristentums, und der Kelch des Hussiten bilden. Die «Armut» der Bergpredigt ist nicht eine Institution, sondern ein Prinzip, nicht eine neue Form, sondern eine neue Atmosphäre, die aus der Revolution Christi entstehen wird. Sie ist die Überwindung des Mammonismus durch den Reichtum Gottes und die neue Gemeinschaft der Menschen. Dafür müssen wohl Einzelne Pioniere sein, sollte die ganze Gemeinde Christi Pionierin sein. Aber es muß von hier aus in die Welt dringen, und das ist die Weltrevolution, die nun kommt.[1]

So stürzt Gott die Götzen der Welt.

[1] Vgl. auch darüber «*Die Gleichnisse Jesu*» von Leonhard Ragaz, speziell das über den «törichten Reichen» Gesagte.

DIE NEUEN MASSE UND MITTEL

F. Wie sollen wir uns von Gott aus zu den *Menschen* stellen? Wie soll man Gott und seine Sache gegenüber den Menschen vertreten?

A. Darauf antwortet Jesus im letzten Teil der Bergpredigt. Er spricht zuerst vom

1. *Nicht–Richten*

«Richtet nicht, auf daß ihr nicht gerichtet werdet. Denn mit dem Gericht, womit ihr richtet, werdet ihr gerichtet werden und mit dem Maße, womit ihr messet, wird euch zugemessen werden. Was blickst du auf den Splitter im Auge deines Bruders, aber bedenkst nicht den Balken im eigenen Auge? Oder, was sprichst du zu deinem Bruder: ‚Laß, ich will dir den Splitter aus deinem Auge ziehen!', und siehe, in deinem Auge ist der Balken? Du Heuchler [Schauspieler], ziehe zuerst den Splitter aus deinem Auge, und hernach magst du zusehen, wie du den Splitter aus dem Auge deines Bruders ziehest.» (Matthäus 7, 1–5.)

F. Warum steht gerade dieses Wort am Anfang der Darlegung des rechten Verhaltens zu den Menschen?

A. Weil es für die Stellung des Menschen zum Menschen fundamental ist.

F. Hat nicht *Tolstoi* diese Stelle besonders betont?

A. Gewiß. Er hat ihr eine seiner vier großen Losungen entnommen, in die er das ganze Evangelium zusammenfaßt und dem «Nicht-Widerstehen!» das «Nicht-Richten!» an die Seite gestellt.

F. Meint Jesus, wie Tolstoi, daß wir nicht vor den Richter gehen sollen?

A. Schwerlich.

F. Meint er, daß wir über die Menschen, mit denen wir irgendwie zu tun haben, kein Urteil fällen sollen, namentlich kein scharfes? Sollen wir vielleicht gar, dieses Wort befolgend, entgegen der Weisung des Propheten nicht Gutes gut und Böses böse, nicht Süß süß und Bitter bitter, nicht Licht Licht und Finsternis Finsternis nennen? Sollen wir um der Liebe willen die Wahrheit verleugnen und um des Friedens willen den Kampf vermeiden?

A. So legt es jener unwahre *Pazifismus* und *Neutralismus* aus, zum großen Schaden für das Reich der Wahrheit, aber auch der Liebe und des Friedens, die selbst nicht ohne die Wahrheit sein können, und die ihrerseits gerade Wahrheit schaffen sollen. Aber das ist das Gegenteil des Geistes und der Haltung Jesu. Keiner, auch kein Prophet, hat so unerbittlich wie er die Wahrheit ausgesprochen, keiner mit solcher Schärfe zwischen Gut und Böse, Licht und Finsternis, Wahrheit und Lüge geschieden. Das zeigt ja gerade auch sein Kampf gegen die Heuchelei, die Schauspielerei, besonders der Frommen, und gegen den ganzen Trug der Religion. Hat er nicht gesagt: «Ich bin nicht gekommen, Frieden auf die Erde zu werfen sondern Schwert?» Und ist er nicht um seines Kampfes für die *Wahrheit* willen von der Religion und von der Welt, von der Kirche wie vom Staate getötet worden? Als seine Jünger dürfen wir nicht bloß sondern sollen wir, wie er, urteilen, richten, das heißt zwischen Gut und Böse, Wahrheit und Lüge scheiden, sollen schärfer sein als die Weltleute mit ihrem laissez-faire, laissez-aller! Wir sollen Schwert sein, nicht Wedel, sollen nicht gegen das Wort des Propheten verstoßen: «Wehe denen, die Friede rufen, wo kein Friede ist!», sollen Salz der Erde sein, nicht Zucker oder Butter.

F. Was bedeutet denn das Wort Jesu?

A. Es wendet sich gegen ein Grundübel der Religion und auch der Welt in der Beziehung der Menschen zueinander. Das Richten, das Jesus meint, ist das Urteilen der Menschen über den Menschen im Sinne einer Neigung zum Verurteilen, ja *Verdammen*, das Suchen nach Fehlern und Sünden am Andern, namentlich am Andersdenkenden, verbunden mit der Selbstgerechtigkeit des Urteils über sich selbst. Dieses Richten ist erfahrungsgemäß ein Krebsschaden aller Religion, Frömmigkeit, Kirchlichkeit. Es ist sozusagen die andere Seite der Schaustellung und ihrer Heuchelei und eine Parallelerscheinung zu der Verbindung von Religion und Mammonismus. Es vergiftet die Frömmigkeit und vergiftet die Welt. Es wächst sich aus zum religiösen Fanatismus, zur Verfolgung des Menschen um Gottes willen; es wird, in allen Formen, zum Index, welcher die Verbreitung der nicht offiziellen Wahrheit verhindert; es wird, auch in allerlei Formen, zur Inquisition, welche den Vertreter einer verbotenen Wahrheit quält, ja vernichtet, physisch oder moralisch; es wird Orthodoxie auf der einen und Verketzerung auf der andern Seite, wird Streit, Krieg, wird eine giftige Quelle alles Übels, trennt wie der Mammon den Menschen von Gott und von den Menschen, schafft Lüge und Qual ohne Ende; es wird eine Hölle auf Erden – im Großen und im Kleinen, in der Geschichte der Sache Christi wie im Leben des Alltags, immer besonders im Bereiche der Religion. In der Religion nimmt das Motiv des Richtens, dem Wesen des *Gesetzes* entsprechend, auch die Form an, daß man so streng gegen den *Unglauben* der Andern ist, weil der eigene Glaube schwach ist. Man will mit der Verurteilung des Unglaubens der Andern den eigenen vor sich selbst – und Andern! – verhüllen. Und das gilt ganz allgemein. Wer seiner Sache sicher ist (so wie man das in Demut sein kann), der läßt den Andern Freiheit;

wer aber selber schwankt und zweifelt, der ersetzt die eigene Festigkeit durch die Härte gegen die Andern.

F. Gibt es aber nicht auch eine *weltliche* Form dieses Übels?

A. Doch und wie! Auch die bürgerliche Moral hat diese Neigung zum Richten. Wir haben ja schon darauf hingedeutet. Auch sie ist pharisäisch. Auch sie ist zum Verdammen bereit, wo jemand gegen ihr Gesetz verstößt. Wie furchtbar hart ist sie gegen den Sünder, das heißt gegen den, der die Regeln dieser bürgerlichen Gesellschaft und ihrer Moral verletzt. Das zeigen die Dramen von Ibsen und, obgleich etwas weniger ernsthaft, auch die von Shaw, besonders gut. Auch Dichter können Wahrheitszeugen sein.

F. Stammt diese Neigung zum Richten einzig aus dem Gefühl der eigenen Mangelhaftigkeit und Schwäche, die man verdecken will?

A. Nicht nur daraus. Wir müssen noch tiefer nach ihrer Wurzel graben. Dann stoßen wir wieder auf jene Macht, die wir stets aufs neue als Ursache des Falschen angetroffen haben: auf das *Gesetz*. Es wirkt sich auch im Richten das Wesen des Gesetzes aus. Gesetz und Gericht gehören ja eng zusammen. Das Gesetz ist ein Zaun. Es schränkt das Böse im Menschen ein. Es schützt das Gute und Rechte. Aber nur einen bestimmten Bezirk oder bestimmte Bezirke desselben. Es ist nicht unbedingt und unendlich. Man kann es, scheinbar wenigstens, erfüllen, erfüllt es wirklich – und wird damit selbstgerecht. Es ist aber – das ist ja ein weiteres Merkmal des Gesetzes – von *außen* her an den Menschen gebracht, ist nicht ein freudiger eigener Wille. Dafür muß man *Lohn* haben: durch die Schaustellung der eigenen Tugend und, als deren Kehrseite, die Verurteilung der Andern. Wozu noch ein Weiteres kommt: Weil das Gesetz nicht in die Tiefen des Willens dringt, weil es nicht unendlich und unbedingt ist, so bleibt ein weites Gebiet des Willens, und damit im Grunde der Wille selbst, davon unberührt. Dort aber waltet das, was das Gesetz äußerlich verbietet und hemmt: der Mammon, die böse Lust, die gottferne Gier. Und nun geschieht das Merkwürdige: das Urteil, das man vom Gesetz aus im Stillen, vielleicht im Unbewußten, über sich selbst fällt, wendet sich gegen die Andern, wird böses Auge, Splitterrichten, Verurteilung, Verdammung. Wobei sich freilich auch das Geltungs- und Machtbedürfnis in Hochmut und Härte auswirken kann.

Aber es ist auch schon das *Gericht* dabei. Denn dieses Gericht, das man an den Andern übt, richtet rückwirkend auch wieder uns selbst; mit diesem Maß, mit dem wir die Andern messen, müssen wir, ob wir es wissen und wollen oder nicht, auch uns selbst messen.

Und so beurteilen uns auch die Andern nach der Art, wie wir selbst sie beurteilen. Es herrscht darin gleichsam eine naturgesetzliche Ordnung. Das Richten wird zu jenem «Krieg Aller gegen Alle», der das Gesetz der Welt bloß als Welt ist. Wir sind nicht im Reiche der Gnade, sondern im Reiche des Gesetzes, sind in der Hölle der geistlichen und weltlichen *Gesellschaft*.

Wir werden aber, wenn wir richten (immer in jenem falschen Sinne, den wir charakterisiert haben), auch von *Gott* gerichtet. Denn wir können seine Liebe nicht erfahren, wenn wir selbst keine Liebe üben. Es waltet hier jenes Gesetz der Gegenseitigkeit, das wir wiederholt kennen gelernt haben. Nur wenn wir den Menschen ihre Schulden gegen uns vergeben, kann Gott uns die unsrigen vergeben; nur wenn wir selbst Gnade üben, können wir der Gnade Gottes teilhaftig werden; nur wenn wir selbst barmherzig sind, können wir die Barmherzigkeit Gottes empfangen. Auch hierin waltet eine strenge Ordnung.

Und schließlich geschieht es – auch nach einem Gesetz –, daß dieses Gericht über das Richten sich noch auf eine besonders deutliche und eindringliche Art vollzieht, indem es als Entlarvung und Beschämung auch über uns hereinbricht. Das geschieht immer wieder in der Geschichte des Reiches Gottes; es geschieht im Leben der Völker wie in dem des Einzelnen. Darum richtet nicht, auf daß ihr nicht gerichtet werdet!

F. Gilt diese Weisung Jesu also nicht nur für das Verhältnis des einzelnen Menschen oder eines bestimmten Kreises von Menschen zum andern, sondern hat es auch einen *politischen* und *sozialen* Sinn, wie die andern Worte Jesu?

A. Es hat durchaus auch einen politischen und sozialen Sinn. Und wie! Alles, was wir von dem Einzelnen gesagt haben, gilt ganz gleich von der Gemeinschaft. Der Einzelne ist auch hier, wie überall in der Bergpredigt, bloß der Vertreter der Gemeinschaft. Das «du» ist sehr deutlich immer an *diese* gerichtet, nicht an einen Privatmenschen. Auch die Völker, die Rassen, die Klassen, die Religionen, die Kirchen richten einander und aus den gleichen Motiven: aus dem mehr oder weniger bewußten Gefühl der eigenen Mängel und Sünden, aus dem Gesetz, aus der Selbstgerechtigkeit, die mit jenem Gefühl durchaus Hand in Hand gehen kann. Sie betrachten Andere mit dem bösen Blick, sie kritisieren, verdammen einander und das Ende ist der unblutige oder blutige Krieg, der Bürgerkrieg, der Klassenkrieg, der Völkerkrieg, der Religionskrieg, der Rassenkrieg, der Weltkrieg, der totale Krieg.

F. Wie kann dieses Grundübel überwunden werden?

A. Wie immer: dadurch, daß wir uns nicht am Gesetz orientieren – heiße es auch Religion oder Christentum – sondern an *Gott*, dem Herrn und Vater.

F. Was bedeutet das in diesem Falle?

A. Das bedeutet eine Umwälzung der Haltung von Grund aus. Gott der *Herr*, das bedeutet: Der Mensch – der *andere* Mensch – gehört Gott. Er ist heilig. Er steht unter dem Rechte Gottes, des Herrn. Also nicht unter *deinem* Rechte. Also darfst du nicht über ihn richten. Du hast nicht ein letztes Urteil über ihn abzugeben. Du darfst ihn nicht verdammen. Er gehört nicht dir, sondern Gott, dem Herrn. Eine heilige Scheu soll dich vor dem letzten Spruch über ihn abhalten: die Scheu vor Gott, dem Herrn, der allein Richter ist.

Gott der *Vater* aber bedeutet: Der Andere ist doch dein *Bruder*. Du bleibst, was für Fehler er auch habe, aufs tiefste mit ihm verbunden. Wenn du ihn verdammst, verdammst du damit dich selbst; wenn du ihn – in diesem Sinne – richtest, verleugnest du den Vater.

Der Vater ist auch dein Richter; Gott als Herr und Vater ist es. Bedenke doch einen Augenblick: Der du so rasch bereit bist, die Fehler und Sünden des Andern zu sehen – wer bist du denn selbst? Der du so schnellfertig bist, den Splitter im Auge des Andern zu sehen, siehst du denn den Balken im eigenen Auge nicht? Willst du vielleicht so eifrig den Splitter aus dem Auge des Andern ziehen, weil du dir im stillen doch des Balkens im eigenen bewußt bist? Bedenke, wie sehr, wie gar sehr du selbst Gnade nötig hast, statt Gericht, von Seiten Gottes und von Seiten der Menschen. Lebe mit ihnen in der Gnade, statt im Gericht, und du trittst aus der Hölle der Gesellschaft in das Sonnenlicht Gottes, des Herrn und Vaters, der allein dein Richter ist, wie der Richter der Andern.

F. Hat auch diese Wahrheit ebenfalls eine über das Verhältnis zwischen den einzelnen Menschen hinausgehende Tragweite?

A. Selbstverständlich. Auch das andere Volk, die andere Rasse, die andere Klasse (soweit solche nun einmal vorhanden sind), die andere Religion, die andere Kirche, die andere Konfession, stehen unter Gott, dem Herrn, und sind ihm geheiligt. Er allein ist auch ihr Richter. Es ist über ihnen *sein* Recht, nicht das ihrige. Auch sie sind miteinander durch Gott, den Vater, verbunden und gehören als ein Ganzes zu ihm und damit zueinander. Auch sie sollen in der Gnade miteinander leben, nicht im Gesetz. Auch sie haben Gnade nötig; auch sie leben aus ihr. Das ist die allein tragfähige Grundlage einer Ordnung des Rechtes und des Friedens auch zwischen den Völkern.

So ist der Mensch als Einzelner wie als Gemeinschaft in letzter Instanz heilig. So ist er in letzter Instanz unantastbar. Und zwar paradoxerweise gerade der wirkliche *Sünder*. Er ist ja gerichtet, darum sollst *du* ihn nicht auch noch richten. Den Pharisäer magst du, im rechten Sinn, richten, nicht den Zöllner. So hält es ja auch Jesus selbst.

F. Wird mit alledem nicht doch der Ernst des Ringens um das Gute, um die Heiligung des ganzen Lebens, abgeschwächt?

A. Im Gegenteil. Gerade die Selbstgerechtigkeit ist ja das stärkste Hindernis der eigenen Heiligung. Wohl aber ist diese der beste Weg, der zum Nichtrichten führt. Denn wir stoßen hier auf einen wichtigen und bedeutsamen Sachverhalt: Wie wir erkannt haben, daß gerade die eigene Schwachheit und Fehlbarkeit uns zum Richten und Verdammen veranlassen kann, so beobachten wir umgekehrt, daß gerade das eigene Ernstnehmen des Guten mild gegen die Andern macht. Das überragende Beispiel dafür ist Jesus selbst. Die Pharisäer, die Unreinen, verachten die Zöllner und Sünder, Jesus, der Reine, geht zu ihnen; die Pharisäer, die Unheiligen, verdammen die Ehebrecherin, Jesus, der Heilige, spricht sie los. Gerade ein von Gott selbst kommendes Feuer des Guten, gerade ein heißes Streben nach der Heiligung sind das stärkste Gegengift gegen das weltverheerende Gift des Richtens.

Auch das gilt nicht bloß für das Verhalten des Einzelnen,

sondern hat einen umfassenden Sinn. Auch die Völker, die Religionen, die Parteien sind in dem Maße geneigt, einander zu richten, als sie sich nicht selbst richten, als in ihrer Mitte die Selbstkritik fehlt, als es ihnen an dem Ringen nach der eigenen Heiligung mangelt, das heißt: als sie nicht nach hohen Zielen ihres Gemeinschaftslebens streben. Auch ihr Pharisäismus, der nationale, soziale, konfessionelle, parteibestimmte Pharisäismus, entspringt aus einem unterbewußten Gefühl des eigenen Defizits. In dem Maße, als dieses sich in ein Aktivum verwandelte, verginge auch ihnen die Lust zum Richten.

F. Dürfen wir denn überhaupt irgend jemand richten?

A. Wir dürfen *urteilen*, sollen es, müssen es oft. Aber Urteilen ist nicht Verdammen. *Verdammen* – im Sinne der endgültigen Vernichtung – dürfen wir nie. *Sachen* wohl, aber nie Menschen und Menschengemeinschaften.

F. Gar keine, auch die entsetzlichsten Bösewichter, Einzelne oder Gemeinschaften, nicht?

A. Das Böse an ihnen, das Teuflische an ihnen wohl, aber nicht sie selbst. Denn sie gehören Gott allein, dem Herrn und Vater. Wir dürfen, sollen, müssen urteilen, aber wir müssen nicht, dürfen nicht, sollen nicht splitterrichten. Wir dürfen keine Lust und Neigung haben zum Urteilen über Personen und Gemeinschaften, besonders zum *Ver*urteilen. Wir dürfen, besser gesagt wir sollen, müssen unter Umständen *richten*, der Wahrheit und dem Rechte die Ehre geben, aber nur, wenn es wirklich sein *muß*, nicht mit Freude, nie ohne die Liebe, ohne das Erbarmen, ohne um das Gericht zu wissen, das über uns selber ist, ohne Gott, den Herrn und Vater, zu ehren.

F. Aber darf man den Andern, sei's ein Einzelner, sei's eine Gemeinschaft, nicht tadeln, wenn er Fehler hat? Wenn er verkehrte Wege geht? Darf man nicht eingreifen?

A. Man darf es, soll es unter Umständen. Aber mit Vorsicht. Denn er steht unter *Gottes* Recht. Ihn müssen wir stets in dem Andern ehren. Ihm begegnen wir in dem Andern. Darum ist er – in diesem Sinne – unser Richter. Das ist ja die große Lehre des Gleichnisses vom Weltgericht und einer der Grundzüge des Evangeliums. Daraus ergibt sich wieder eine völlige Umkehrung jenes gesetzlichen Verhaltens von Mensch zu Mensch, das zur Selbstgerechtigkeit wird. Die rechte Haltung des Jüngers Christi ist, den Andern von vornherein nicht für schlechter zu halten, als sich selbst, nicht für gottferner, sondern für gottnäher – auch wieder sozial wie individuell verstanden.

Das ist die gewaltige Revolution, womit Jesus die Religion wie die Welt vom Richten reinigt. Der Mensch, als Einzelner wie als Gemeinschaft, gehört Gott, nicht uns; er steht in Gottes Recht, nicht in unserem Recht; er ist Gottes, des Herrn und Vaters. Mit dieser Erkenntnis wird überall das Gift aus dem Menschenwesen entfernt.

F. Wie verhält sich diese Erkenntnis zu dem, was man *Toleranz* oder Duldung nennt? Besteht nicht die Gefahr, daß ihre Anwendung zu einer Aufweichung der Strenge der Wahrheit und einer Lähmung des Kampfes um sie und für sie führt?

A. Die Gefahr ist, wie bei der ganzen Losung vom Nicht-Richten, sicher vorhanden. Aber sicher entsteht sie aus argem Mißverstehen der Meinung Jesu, der, wie wir gezeigt haben, gerade den unerbittlichen Kampf für die Wahrheit führt und geführt wissen will. Es gibt sicher eine falsche, eine oberflächliche, die Wahrheit nicht ernst nehmende, ja sie unter Umständen verratende Toleranz oder Duldung. Aber es gibt davon auch eine echte Form, eine auf ganz anderer Grundlage ruhende. Es gibt neben ihrer Talmiform eine Goldform – die man freilich nicht mehr Toleranz oder Duldung nennen sollte, sondern *Anerkennung*. Denn sie stammt wieder aus der gleichen Quelle, wie immer das Echte gegenüber dem Falschen: aus der Anerkennung Gottes als des Herrn und Vaters, aus der Ehrfurcht vor ihm und *seiner* Wahrheit. Gewiß, die Wahrheit soll gelten, und wir sollen alles für sie einsetzen, sollen um sie, für sie kämpfen. Aber auch hier gilt die gleiche Ordnung wie überall: Die Wahrheit gehört Gott. Wir sind nicht ihre Besitzer, sondern bloß ihre Verwalter, bloß ihre Zeugen. Wir sind nicht ihre bestellten Richter. Auch die Meinungen gehören Gott. Wir dürfen, und sollen vielleicht, sie bekämpfen, dürfen sie aber nicht vergewaltigen. Wir sollen es stets wissen und empfinden: Gottes, des Herrn und Vaters, Wahrheit ist so groß, daß wir nie ihre Besitzer sein können. Sie ist wie das Weltmeer – was wir von ihr erfassen, ist nur ein wenig Wasser in der hohlen Hand. Sie ist so weit, daß unsere Maße immer zu kurz sind. Darum dürfen wir um diese Wahrheit nie einen Zaun ziehen, auch nicht den der Orthodoxie. Wir müssen immer diese größere Wahrheit Gottes suchen. Darum müssen wir ein Auge haben, das auch im Irrtum noch etwas von dieser Wahrheit Gottes sehen kann.

Die Religion zieht einen Zaun um die Wahrheit, das Reich Gottes reißt ihn nieder und eröffnet den Blick auf das unendliche Meer der Wahrheit. Sie ist universell, sie ist, in diesem Sinne, *katholisch.*

F. Aber auch *protestantisch?*

A. Auch protestantisch: sie protestiert stets gegen die Entartung der Wahrheit, also auch gegen deren Verengung; sie weist stets von der Wahrheit der Menschen auf die Wahrheit Gottes hin.

Die Wahrheit ist Gottes. Sie ist heilig. Sie steht in Gottes, nicht in unserm Rechte. In diesem Sinne sollen wir nicht richten. Das ist, wenn wir, trotz dem gemachten Vorbehalt, uns so ausdrücken wollen, der Unterschied zwischen der falschen und der echten Toleranz. Falsch ist die Toleranz, die keine Wahrheit kennt und darum bloß duldet, auch die

Lüge, auch das Unrecht, auch das Böse; die höchstens relative Wahrheit kennt, aber keine absolute, die neutralistische, falsch pazifistische Toleranz. Sie schlägt leicht in das Gegenteil um. Echt ist die Toleranz, welche aus der Erkenntnis und Ehrung Gottes kommt, des Herrn und Vaters. Sie macht das Herz weit in der Wahrheit und für die Wahrheit. Und sie waltet in der Liebe. Sie einigt die Welt – nicht für die Religion, aber für Gott.

Das Wort Jesu führt aus einer Welt der Verengung und Vergiftung, die gerade auch im Namen der Religion und Moral geschieht, in eine Welt der Freiheit und Herrlichkeit der Söhne und Töchter Gottes, aus Religion und Christentum in das Reich Gottes, das Christi Reich ist.

Das ist das Nicht–Richten Jesu.

2. Vom Heilighalten des Heiligen

F. Dürfen, sollen, müssen wir aber nicht gerade auch im Namen Christi und auf sein Gebot hin statt bloß zu dulden auch angreifen, durch das *Bekenntnis* und die *Bekehrung* der Andern zur Wahrheit?

A. Auch darüber redet Jesus:

«Gebet das Heilige nicht den Hunden, und werfet eure Perlen nicht vor die Säue, auf daß sie dieselben nicht mit den Füßen zertreten oder sich umwenden und euch zerreißen.» (Matthäus 6, 6.)

F. Was bedeutet dieses harte Wort?

A. Es ist nicht so hart, wie es scheint. Im Lande Jesu liefen die Hunde wie die Schweine auf den Straßen herum, Nahrung suchend. Ihnen soll man nicht das «Heilige», das heißt das Opferfleisch, vorwerfen und ihnen auch nicht Perlen, also nichts was sie gierig brauchen und nichts, was sie offenkundig *nicht* brauchen können. Das Wort bedeutet: *Werfet euer Heiligstes nicht weg.* Ihr nützt der Wahrheit damit nichts, wenn ihr sie am *falschen* Orte austeilt oder wenn ihr sie *aufdränget*; sie wird dann nur mißbraucht oder sie reizt dann nur zu Widerspruch, ja Haß, und ihr selbst verliert sie damit. Allgemeiner gesagt: Jesus will durch dieses Wort ausdrücken, daß nicht nur die Andern uns heilig sein sollen, *sondern auch wir uns selbst*. Und vor allem unser Verhältnis zu Gott. Wir dürfen und sollen es nicht ohne Not oder Gebot preisgeben. Wir dürfen die Wahrheit nicht am falschen Orte, zur falschen Zeit, in falscher Lage und vor den falschen Menschen anbringen, weder für sie, noch gegen sie.

F. Aber wir sind den Menschen doch die Wahrheit schuldig?

A. Ja; aber wir sind sie auch *Gott* schuldig. Sie gehört in erster Linie ihm. Und wir sind damit, wie in allem, in erster Linie ihm heilig. Wir haben dieses Eigentum zu ehren und zu hüten. Wehe uns, wenn wir das nicht tun, wenn wir auf falsche Weise die Wahrheit anbringen! Wenn wir sie preisgeben, dann gibt sie uns preis; wir verlieren sie selbst. Schon das viele Reden davon ist ihr gefährlich. Preisgabe des Heiligsten ist Selbstwegwerfung, Wahrung des Heiligsten die heiligste Form der *Keuschheit*. Sie erst macht das Heilige heilig.

F. Aber wir sollen doch *Bekenntnis* ablegen, Zeugnis geben?

A. Gewiß, aber auf die rechte Art: am rechten Ort, zur rechten Zeit, in der rechten Lage, gegen die rechten Menschen.

F. Wer sagt uns aber, wann und wo der rechte Ort ist, die rechte Zeit, die rechte Lage, die rechten Menschen?

A. Das sagt uns Gott, der Herr und Vater, wenn wir auf ihn achten.

F. Und wie soll denn Bekenntnis und Zeugnis sein?

A. Wie es Ort, Zeit, Lage, Mitmenschen erfordern. Es kann ein kurzes Wort sein; es kann eine Gebärde sein; es kann ein Schweigen sein. Es ist am besten eine *Tat*, oder *die* Tat, eine Existenz, oder *die* Existenz.

F. Und das Credo?

A. Das dogmatische Credo? Das reizt bloß. Das stößt bloß ab. Das erregt Zorn, ja Haß.

F. Kann es denn nicht Wahrheit sein?

A. Gewiß; aber falsch ausgedrückte und falsch dargebotene Wahrheit.

F. Aber soll die Gemeinde Christi nicht ihren Glauben bekennen?

A. Gewiß soll sie das. Aber mit lebendigen, nicht mit toten Worten, mit Worten der Gegenwart, nicht der Vergangenheit, und vor allem mit der Tat.

F. Sagt nicht der Apostel, daß wir zur «Zeit und Unzeit» die Wahrheit verkünden sollen?[1] Müssen wir nicht auch am ungeeigneten Ort, zur ungeeigneten Zeit, vor ungeeigneten Menschen die Wahrheit bezeugen? Auch wenn es uns Anfechtung und Schlimmeres einträgt? Gehört das nicht zur Sache Christi?

A. Der Apostel meint mit «Unzeit»: wenn es euch nicht paßt, wenn es euch unbequem ist; wenn ihr lieber ruhen, schweigen oder etwas Anderes tun möchtet. Und das ist ja wahr: Wir dürfen, sollen, müssen oft die Wahrheit zur scheinbar ungeeigneten Zeit, am scheinbar ungeeigneten Ort, in scheinbar ungeeigneter Lage, vor scheinbar ungeeigneten Menschen vertreten, wenn Gott uns dazu auffordert. Aber nie dürfen wir sie *aufdrängen*. Kampf und Anfechtung sind nur echt und heilsam, wenn sie aus Notwendigkeit kommen, nicht wenn sie gesucht werden. Es ist ein Grundschaden der üblichen Art, die Sache Gottes zu vertreten, daß wir sie aufdrängen. Der ganze Betrieb von Religion, Kirche, Frömmigkeit ist aber darauf eingestellt, der

---

[1] Vgl. 2. Tim. 4, 2.

Religionsunterricht (er vor allem), die Predigt, die Seelsorge. Dadurch wird die Wahrheit abgewertet. Wir sollten sie aber aufwerten. Wir sollten sie kostbar machen, statt wohlfeil. Wir sollten sie zurückhalten, statt sie nachzuwerfen.

F. Aber wie wären denn Religion und Kirche möglich?

A. Es wäre das *Reich* möglich und wäre die *Gemeinde* möglich, die durch Wort und Tat das Reich verträte, ohne dieses und sich selbst aufzudrängen: durch die Botschaft vom Reiche und die Nachfolge. An Kampf und Anfechtung würde es dann von selbst nicht fehlen.

F. Aber darf, soll, muß man oft nicht auch mit dem Heiligsten hervortreten? Ist nicht auch Schuldbekenntnis (Beichte) wie Bekenntnis großer Gotteserfahrung geboten?

A. Gewiß. Aber auf die rechte Art: von Gott her, nicht von den Menschen her; nicht zur Schaustellung; als höchste Gabe des Menschen an den Menschen; nicht als Unkeuschheit, sondern als heiligste Form der Keuschheit, gerade in ihrer scheinbaren Preisgabe – eben als Offenbarung des Heiligsten.

F. Gibt es nicht auch eine Notwendigkeit, die Menschen zu *bekehren?*

A. Sollen *wir* die Menschen bekehren? Nur Gott kann sie bekehren. Wir können und sollen auf die rechte Weise die Wahrheit verkündigen, durch Wort und Tat, aber wir sollen niemanden bekehren wollen. Auch Jesus hat es nicht getan. Gerade darum haben sich die Menschen zu ihm bekehrt und tun es immer wieder. Die neue Eroberung der Welt für Gott wird davon ausgehen, daß man ihn nicht aufzudrängen versucht, dafür aber mehr aus ihm lebt.

F. Wie löst sich also die Spannung auf zwischen der Zurückhaltung des Heiligen und seiner Mitteilung?

A. Diese Spannung muß bleiben. Das Problem muß immer aufs neue gelöst werden. Es löst sich aber nicht auf dem Boden des Gesetzes, das Religion heißt, sondern nur von dem heiligen Gott her, dem Herrn und Vater. Ihm gehört Zeit, Ort, Stunde, Lage, Menschenpartner. Ihm ist der Andere heilig und ihm wir selbst. Wir heiligen den Andern, indem wir uns selbst heiligen und heiligen uns selbst, indem wir den Andern heiligen. So will Gott geheiligt sein.

3. Vom Bitten, Suchen, Anklopfen

F. Ist es nicht schwer, die Sache Gottes so rein, ohne die Mittel der Welt und der Religion, zu vertreten?

A. Wir haben dafür die Waffenrüstung Gottes. Jesus antwortet auch auf diese Frage.

«Bittet, so wird euch gegeben. Suchet, so werdet ihr finden. Klopfet an, so wird euch aufgetan. Denn wo ist ein Mensch unter euch, der, wenn ihn sein Sohn um ein Brot bittet, ihm einen Stein gäbe? Oder wenn er um einen Fisch bittet, ihm eine Schlange gäbe? Wenn denn ihr, trotzdem ihr böse seid, doch imstande seid, euern Kindern gute Gaben zu geben, wie viel mehr wird euer Vater in den Himmeln Gutes geben denen, die ihn darum bitten!» (7,7–11.)[1]

F. Wie schließen sich diese Worte inhaltlich den vorhergehenden an?

A. Wie gesagt: sie wollen die Mittel oder *das* Mittel zeigen, womit wir Gottes Sache treiben und fördern können ohne Aufdrängung, Apparat und Machen jeder Art.

F. Es kommt also auf die *Fürbitte* an?

A. Ja, nur ist die Fürbitte auch das Symbol oder die Vertretung einer umfassenderen Verheißung. Das Gebet ist ja das Zentrum und Zentralorgan des Verhältnisses zu Gott und damit auch zu den Menschen. Es ist damit auch gleichsam das Symbol dieses Verhältnisses.

---

[1] Vgl. Lukas 11, 5–13.

F. Auch zu den Menschen?

A. Ja. Wir können zu den Menschen nur dann so stehen, wie Jesus es will, wenn wir immer auch, grundsätzlich gesprochen, für sie beten. Denn nur so können wir sie in das Verhältnis zu Gott ziehen, worin wir selbst stehen, nur so Bruder werden. Damit wird die Fürbitte auch das zentrale Symbol des Verhältnisses von Mensch zu Mensch.

F. Sollen wir denn nicht auch die ganze Welt in das Gebet einbeziehen?

A. Wir sollen die ganze Welt vor Gott – und *mit* Gott – auf dem Herzen tragen.

F. Auch die *Natur?* Auch Pflanze, Stein, Sonne, Mond, Regen, Sturm?

A. Auch sie. Wir sollen die ganze Schöpfung von ihrem Schöpfer aus ehren und heiligen. Wir sollen für die ganze Natur um Erlösung bitten. Wir sollen durch die Fürbitte die ganze Natur erlösen helfen.

F. Sagt das Jesus selbst?

A. Nicht ausdrücklich. Aber es liegt sicher in seinem Geiste. Auch die Natur gehört Gott, dem Herrn und Vater. Sie soll ihm geheiligt sein. Sie wird damit in das Verhältnis des Menschen zu Gott hineingezogen und damit von selbst zum Gegenstand seiner Fürsorge und Fürbitte. So hat Franziskus Jesus verstanden und sicher mit Recht. Jesus verbindet die ganze Welt mit Gott, dem Herrn und Vater. Auch die Lilien des Feldes, die Vögel unter dem Himmel, die Sonne und den Regen. Daraus folgt von selbst, daß auch seinem Jünger die Natur am Herzen liegen muß. Er ist ihr Freund und Schützer. Er muß gegen Mißbrauch und Vergewaltigung der Natur sein. Gottes Wille soll überall geschehen, nicht der Ausbeutungs- und Zerstörungswille der Menschen oder der Wille des Herren *dieser* Welt. Du darfst und sollst die Schönheit der Tierwelt, der Pflanzenwelt, der Welt der Mineralien, der Elemente, der Sonne, des Mondes und der Sterne in dein Lobgebet einschließen wie Franziskus und darum ihre Heiligung und Erlösung in dein Bittgebet. Du sollst in allem ein Betender und Bittender sein, darfst nichts vom Reiche Gottes ausschließen, worin du dich bewegst und worin du Gott dienst, dem Herrn und Vater.

F. Aber ist nicht die *Menschenwelt* die Hauptsache und darin die Sache Christi?

A. Gewiß. Und vom Menschen aus wird auch die Natur erlöst. Das Hauptorgan unserer Mitwirkung an ihrer Erlösung aber ist das Gebet, und besonders die Fürbitte.

F. Inwiefern aber ist das Gebet, die Fürbitte inbegriffen, nicht nur Organ, sondern auch *Symbol?*

A. Es ist Symbol des weiteren Kreises, des Verhältnisses zu Gott überhaupt und von ihm aus zur Welt.

F. Wie ist das gemeint?

A. Es ist Symbol einer ganzen Haltung. Vergiß nicht die Teile des Jesuswortes, die heißen: «Suchet, so werdet ihr finden. Klopfet an, so wird euch aufgetan». Wir sollen überhaupt mit Gott Suchende sein. Wir sollen uns auf ihn und sein Werk und seinen Willen ganz und gar, mit gesammelter Seele und Kraft, einstellen. Wir sollen uns auf das einstellen, wonach wir, von Gott aus, trachten: auf diese Erkenntnis, auf diese Hoffnung, auf diese Tat. Wir sollen uns so auf einen Menschen, eine Menschengemeinschaft, Familie, Volk, Gemeinde Christi, das Reich Gottes selbst, einstellen: als solche, die suchen, was diese nötig haben an Wahrheit, an Hilfe, an Umkehr, an Bekehrung. Wir sollen diese ihnen nicht anwerfen, sollen sie beim treuesten Willen nicht aufdrängen oder gar Zwang und Gewalt anwenden und seien es auch feinere Formen derselben; feinere sind oft schlimmer als gröbere. Wir sollen anklopfen, leiser oder lauter, je nachdem, aber wir sollen nicht Türen einbrechen. Das tun Diebe und Räuber. Die Brüder stehen unter Gottes Recht. Alles steht unter Gottes Recht. Oder mit einem andern Bild: Wir sollen Brunnen graben, aber das Wasser gibt Gott.

F. Aber werden wir wirklich finden, wenn wir suchen? Wird uns wirklich aufgetan, wenn wir anklopfen?

A. Ja. Dafür haben wir die Verheißung. «*Denn wer da suchet, der wird finden, und wer da anklopft, dem wird aufgetan.*» Das ist eine der Grundordnungen Gottes, welche die Erfahrung bestätigt. Wir finden was wir suchen, wenn wir es mit ganzer Seele suchen. «Ihr werdet mich suchen und finden» spricht Gott durch den Propheten; «denn so ihr mich von ganzem Herzen suchet, will ich mich von euch finden lassen»[1]. Auf das *ganze* Herz kommt es an. Das gilt ja auch im Reiche der Welt, deren Ordnungen oft ein Hinweis auf die des Reiches Gottes sind. Wer dort mit ganzem Herzen Macht sucht, der findet sie; wer mit ganzem Herzen Geld sucht, der findet es; wer mit ganzem Herzen Ehre sucht, der findet sie; wer mit ganzem Herzen Genuß sucht, der findet ihn. Das ist zwar nicht gerade ein wissenschaftlich gültiges Gesetz, aber es ist eine weitreichende Erfahrung. Ganz sicher aber wird sie im Reiche Gottes. Wenn du dich für *seine* Anliegen auf die gleiche Weise mit ganzem Herzen einsetzest, wie die Weltleute mit dem ihrigen, so wirst du finden wie sie, nein, noch sicherer als sie; denn nicht der Fürst der Welt ist dein Bürge, sondern der allmächtige Herr aller Dinge. Darum suche Gott und sein Reich von ganzem Herzen, und du findest Gott und sein Reich. Und in ihm auch die Welt, so weit sie gut und nötig ist. Klopfe an scheinbar eherne Pforten, auch an verrostete – es gilt auch solche zu öffnen, in der Geschichte der Sache Gottes, wie im Leben des Einzelnen.

---

[1] Jeremia 29, 12–14.

Das ist die umfassende Verheißung und Erhörung des Gebetes, soweit es Symbol ist: Du suchst nicht umsonst. Du klopfest nicht vergeblich an. Es wird gefunden; es wird geöffnet. Du mußt freilich oft warten, mußt Geduld haben. Die Dinge und Ereignisse müssen *reifen. Darum braucht Gott Zeit.* Du mußt auf die Stunde der Erfüllung aufpassen, darfst nicht einschlafen. Und du mußt die Erfüllung erkennen, auch wenn sie in anderer Gestalt kommt, als du gewollt und erwartet hast. Denn die Verheißung Jesu bedeutet nicht, daß du alles bekommst, was du gesucht und genau so wie du gesucht hast, sondern bloß, daß du Gutes bekommst. Aber vielleicht Besseres, als das was du gesucht hast, und mehr. Hinter der Türe, an die du geklopft hast, erscheint vielleicht ein anderes Bild, als das erwartete, aber vielleicht ein herrlicheres.

F. Es heißt aber auch: «*Bittet*, so wird euch gegeben.» Das bezieht sich doch auf das Gebet und die Fürbitte im *engeren* Sinne? Und gilt auch im engeren Sinne die Verheißung der Erhörung?

A. Sie gilt auch im engeren Sinne. Unter den gleichen Bedingungen. Wir müssen oft warten. Wir müssen aufpassen, wach sein. Wir müssen die Erhörung auch erkennen, wenn sie in anderer Gestalt kommt, als wir hofften, wünschten, beteten, erwarteten. Es kommt auf alle Fälle Gutes, überlegen Gutes. Und vor allem nicht zu vergessen: Die Verheißung Jesu gilt nur für die, welche zuerst nach dem Reiche Gottes und seiner Gerechtigkeit trachten. Ihnen fällt die Erhörung des Gebetes zu.

F. Nur ihnen? Dürfen wir nicht auch um Dinge bitten, die uns nur individuell angehen?

A. Wir dürfen es, aber nur, wenn sie eingeschlossen sind in das *Reich*.

---

[1] Psalm 147, 9.

F. Aber wenn arme Menschen bitten, die das Reich nicht kennen?

A. Gott hört nach der Schrift auch das Schreien der jungen Raben am Bache[1]. Aber die *Fülle* seiner Verheißung gilt dem Reiche. Gott hört auch auf das *Betteln*, aber die Söhne und Töchter des Reiches *beten*.

F. Kann man denn mit Gebet alles machen?

A. Ja; aber nur was Gott will.

F. Was soll das heißen?

A. Das Gebet ist kein Zauber. Wehe, wenn es das sein wollte! Es muß heißen: «Nicht wie ich will, sondern wie du willst». *Das Gebet hat wie die Erhörung des Gebetes seinen Sinn nur als Mitarbeit des Menschen mit Gott für sein Reich.* Es ist dessen zentrales Organ, im engen wie im weiteren Sinne. Man darf beim Gebet nicht zu stark, im gewöhnlichen Sinne, an die *Erhörung* denken. Die Hauptsache ist, daß Gott *hört*, aber auch, daß der *Mensch* hört.

F. Wie ist das gemeint?

A. Im Gebet hört Gott, was der Mensch will, das ist das Eine; im Gebet hört aber auch der Mensch, was Gott will. Er bekommt, wie Lukas sagt, als höchste Gabe, als *die* Gabe, den Heiligen Geist. Das Gebet ist drum vor allem *Erziehung*, Erziehung zu Gott hin, aber auch Erziehung zur Welt hin: zur rechten Stellung zu Gott und zur Welt hin. Es ist Verkehr mit Gott, Verkehr des Sohnes mit dem Vater, nicht bloß einseitig Erhörung.

F. Aber doch auch Erhörung?

A. Ja, recht verstanden: Erhörung im Übermaß, und «über Bitten und Verstehen hinaus». Es gilt davon das andere Wort Jesu: «Alle Dinge sind möglich dem, der da glaubt». Und: «Wahrlich, ich sage euch: wenn ihr Glauben hättet eines Senfkornes groß, so würdet ihr zu diesem Berge sprechen: «Hebe dich weg und stürze dich in das Meer, und er würde sich wegheben, und nichts würde euch unmöglich sein». Und Jakobus spricht, freilich etwas abschwächend: «Das Gebet des Gerechten vermag viel, wenn es ernsthaft ist[1]».

F. Wer ist aber gerecht?

A. Gerecht ist im Sinne dieses Wortes der auf das Rechte, auf die Gerechtigkeit des Reiches Gottes Gerichtete, mag er auch manche Fehler haben.

F. Muß man für solches Beten einen großen Glauben haben?

A. Nur so groß wie ein Senfkorn. Aber dabei bleiben, ausharren, das Vertrauen nicht wegwerfen[2].

F. Gehört zum Beten nicht auch das *Arbeiten?*

A. Gewiß. Das ist die Voraussetzung jedes rechten Gebetes und jeder Erhörung. Wir müssen arbeiten, uns einsetzen, müssen kämpfen, oft auch leiden. Das gehört zum Suchen und Anklopfen. Aber auch umgekehrt: vom Beten aus werden wir *recht* arbeiten, *recht* kämpfen, *recht* leiden; wir werden die *rechte* Arbeit tun; wir werden sie im rechten *Augenblick* tun; wir werden an der rechten *Stelle* einsetzen.

F. Kann man nicht auch versuchen, durch Gebet und Fürbitte im weiteren und engeren Sinne *Gewalt* zu üben, nur von *Gott* her, statt von uns aus?

A. Man kann es. Dann ist das Gebet Zauber und damit Frevel. Dem Gebet, im weiteren und engeren Sinne, zu Gott, dem Herrn und Vater, wohnt immer das «Nicht wie ich will, sondern wie du willst» inne. Es bedeutet: «*Dein* Wille geschehe!» Es hält bloß die Menschen und Dinge im Bereiche Gottes fest. Es ist bloß Mitarbeit. Es ist oft bloß Fragen, bloß Suchen, bloß ganz leises Anklopfen. Wo Gott waltet, der Herr und Vater, da ist Freiheit.

F. Dürfen die Auserwählten nicht auch zu Gott *schreien*

---

[1] Vgl. Markus 9, 23; Matthäus 17, 20; Jakobus 5, 16.

[2] Vgl. Hebräer 10, 35.

und erhört werden in Kürze? So spricht doch Jesus selbst[1].

A. Gewiß. Das ist eine andere Seite der Wahrheit. Aber auch das darf kein Zaubernwollen sein, kein Machen, kein Zwingen, sondern bloß ein immer tieferes, immer leidenschaftlicheres Eindringen in Gottes Willen; es ist bloß ein Mitkämpfen mit Gottes Kampf, bloß eine Vollmacht des Sohnes vom Vater her, nicht eine eigene Vollmacht oder gar eine Vollmacht des Fürsten dieser Welt. Aber der echte Sohn hat *viel* Vollmacht. Er ist nicht Bettler sondern Sohn. Bedenke es wohl!

Gewaltig, ja allmächtig ist im engeren wie im weiteren Sinne das Gebet. Auch das des Einzelnen. Das Gebet der Nachfolge. Aber das Gebet einer rechten *Gemeinde* Gottes, Gemeinde Christi, würde die Welt besiegen und die Pforten der Hölle zerstören. Im Reiche Gottes, im Dienste seiner Gerechtigkeit. Nur so, so aber gewiß[2].

Es bedarf – um den Zusammenhang mit dem vorausgegangenen Abschnitt herzustellen – im Kampfe für das Reich Gottes keiner Gewalt und Vergewaltigung. Das Reich Gottes verfügt über andere Mittel. Das Reich ist, recht verstanden, selbst die stärkste Gewalt.

4. Die goldene Regel

F. Wie steht es nun endgültig mit dem Verhältnis von Du und Ich in der Beurteilung und Behandlung der Menschen von Gott aus?

A. Jesus sagt darüber abschließend:

> «Alles nun, was ihr wollt, daß die Menschen euch tun, das sollt auch ihr ihnen tun; denn das ist das Gesetz und die Propheten.» (7, 12.)

---

[1] Vgl. Lukas 18, 7–8.

[2] Es sei auch in bezug auf das Gebet an die Schrift: «*Das Unservater*» von *Leonhard Ragaz* erinnert.

F. Wie ist das gemeint? Ist das bloß eine *Nützlichkeitserwägung* im Sinne des Wortes: «Do ut des: Ich gebe, damit du auch gebest»?

A. So kann man es mißverstehen; es ist aber etwas ganz Anderes, etwas ganz Andersartiges, etwas viel Tieferes. Es ist göttlich, nicht menschlich.

F. Was denn?

A. Es wird hier dem Menschen ein sehr einfacher Maßstab für das rechte Verhalten zu den Andern in die Hand gegeben: Beurteile und behandle sie so, wie du selbst möchtest beurteilt und behandelt werden, und du triffst unfehlbar das Richtige. Du willst von ihnen heilig gehalten werden, heilig gehalten vor allem in deinem Heiligsten: tue das den Andern gegenüber. Du willst, daß der Andere dich verstehe: versuche du selbst, ihn zu verstehen. Du willst, daß der Andere gegen dich wahr und offen sei: sei es selbst gegen ihn. Du willst das Recht haben, dein Heiligstes zu wahren: billige es auch ihm zu. Du willst, um das Höchste zu nennen, von ihm Liebe empfangen: gib auch du sie ihm. Kurz, alles was du für dich als recht, gut und schön empfindest: gib es auch dem Andern. Dann wirst du nie fehlgehen. Wir müssen uns so in den Andern hineinfühlen, uns so in ihn versetzen, als wären wir er selbst.

Das ist wieder eine fundamentale Umkehrung des gewöhnlichen Verhaltens. Gewöhnlich wollen wir, daß die Andern uns geben, was wir wollen, – aber wir wollen es ihnen nicht geben. Wir wissen in bezug auf uns selbst merkwürdig genau, was recht ist – aber wir wissen es merkwürdig wenig in bezug auf die Andern. Wir empören uns, wenn wir angetastet werden, besonders im Heiligsten – aber wir tasten die Andern ruhig an. Wir fordern für uns Verständnis – aber wir geben uns keine Mühe, sie zu verstehen. Wir fordern von den Andern Liebe – aber wir geben ihnen keine. Wir wissen alles genau für uns – aber wir wissen es nicht für die Andern. Wir sind egozentrisch, nicht heterozentrisch[1]. Darum fordert Jesus wieder die Umdrehung um hundertachtzig Grad. Diess sei das Gesetz und die Propheten, das heißt: darin sei in bezug auf das Verhältnis von Mensch zu Mensch die ganze Wahrheit Gottes und des Menschen enthalten.

F. Wie kann diese Umdrehung geschehen?

A. Wie immer: von Gott aus, dem Herrn und Vater. Er allein kann die Herrschaft des Ich brechen durch seine Macht und Liebe; er allein kann die egozentrische Haltung durch die heterozentrische ersetzen, indem er die theozentrische setzt, von der aus die anthropozentrische[2] ihr Recht hat. Wenn wir Gott, den Herrn kennen, dann sehen wir über dem Andern das Recht, das er von Gott hat. Wenn wir Gott, den Vater kennen, dann begegnet uns im Andern, namentlich im Schwachen und Geringen, er selbst. Dann müssen wir uns in ihn hineinversetzen, müssen uns an seine Stelle setzen. Dann wird alles recht. *Wir sind in Gott nicht Getrennte und werden in ihm eine Einheit.* Das ist, auf dieser Linie, die ungeheure Revolution Christi: im Andern Gottes Recht erkennen und achten, das Recht des Menschen, das Recht des Bruders. Das ist seine Weltrevolution.

F. Ist unter dem Andern nur der Einzelne zu verstehen, oder auch Gemeinschaften, Völker, Rassen, Religionen, Kirchen und so fort?

A. Auch über ihnen ist das Recht Gottes, des Herrn. Auch mit ihnen sind wir verbunden durch den Vater. Auch in ihnen begegnet uns Gott. Auch mit ihnen sind wir Eins. Auch in sie müssen wir uns hineinfühlen. Auch an ihre Stelle müssen wir uns selbst versetzen: unsere Familie,

---

[1] «Heterozentrisch» sein, heißt den *Andern* zum Zentrum haben.

[2] «Theozentrisch» sein, heißt *Gott*, «anthropozentrisch» sein den *Menschen* zum Zentrum haben.

unser Volk, unsere Rasse, unsere Religion, unsere Kirche. Das ist die tiefste Lösung des politischen und sozialen Problems. Das ist der Sozialismus und Kommunismus Gottes und Christi. Das ist das Ende des Krieges: des Klassenkrieges, des Völkerkrieges, des Rassenkrieges, des Religionskrieges – allen Krieges. Das ist der Gottesfriede unter dem heiligen Recht Gottes, des Herrn und Vaters.

F. Ist dieser Maßstab, mit dem wir das Verhalten zu dem Andern, dem Einzelnen und der Gemeinschaft, messen sollen, nun in Ordnung? Können wir nicht auch in bezug auf uns selbst irren? Können wir nicht stumpf, kalt und arm und darum auch Andern nichts zu geben imstande sein?

A. Gewiß. Darum folgt aus der Regel Jesu, daß wir den Maßstab in Ordnung bringen. Es folgt daraus, mit andern Worten, daß wir an uns selbst arbeiten müssen, damit wir den Andern das sein können, was wir sein sollen. Wir müssen fein und feiner empfinden lernen, damit wir die Andern fein und feiner empfinden können. Wir müssen uns heilig halten, damit wir die Andern heilig halten können. Wir müssen uns reich machen, damit wir den Andern viel geben können. Wir müssen liebevoll werden, damit wir viel Liebe geben können. Wir müssen viel leiden – und das ist auch ein Sinn des Leides –, damit wir Andere in ihrem Leide trösten können. Wir müssen immer völliger Gottes werden, damit wir immer völliger in ihm des Menschen werden. Es gibt in diesem Sinne eine *heilige Selbstliebe*. Auch so sind Ich und Du verbunden. Darum lautet ja das große Gebot: «Du sollst Gott, deinen Herrn, lieben von ganzem Herzen, von ganzer Seele und von ganzem Gemüte und mit allen deinen Gedanken, und deinen Nächsten wie dich selbst».[1] *Wie dich selbst*! Das vergißt man oft.

---

[1] Vgl. Matthäus 22, 34–40.

F. Ist die Losung von der heiligen Selbstliebe nicht eine Gefahr?

A. Sie gilt nur im Verhältnis zum Andern: Nur um den Andern recht lieben zu können, dürfen, ja sollen wir uns selbst lieben.

F. Kann man nicht auch umgekehrt sagen: Nur vom Andern aus kommen wir ganz zu uns selbst, nur die Nächstenliebe lehrt uns die Selbstliebe?

A. Auch das ist tiefe Wahrheit.

So hat das Wort einen gewaltigen Sinn: Sich im Andern sehen und den Andern in sich – das ist das Reich Gottes und der Weg zu ihm. Sich und den Andern in Gott sehen – sich und dem Andern Gottes Recht geben, das Recht des Herrn und Vaters, sich mit dem Andern in Gott Eins wissen: das ist die Revolution der Religion wie die Revolution der Welt.

5. *Wenige und Viele*

F. Ist diese Art nicht schwer? Macht sie nicht *einsam?*

A. Auch darauf hat Jesus geantwortet:

«Gehet ein durch die enge Pforte. Denn breit ist die Pforte und geräumig der Weg, der zum Verderben führt, und Viele sind es, die darauf wandeln. Aber eng ist die Pforte und gedrängt ist der Weg, der zum Leben führt, und Wenige sind es, die ihn finden.» (7, 13–14.)

F. Was ist der Sinn dieses Wortes?

A. Es wird selten verstanden. Meistens legt man es so aus, daß die weite Pforte und der geräumige Weg der Weg der *Welt* sei, und der enge und schwierige Weg der Weg *Gottes*.

F. Ist das nicht richtig?

A. Ja; wenn man es richtig versteht. Nur muß man wissen, daß der Weg der Welt auch der Weg der *Religion* sein kann, auch der Weg der *Kirche*, der andere Weg aber der des *Reiches Gottes* ist. Und nur der Weg des Reiches ist der Weg Gottes.

F. Wie ist das in diesem Zusammenhang zu verstehen?

A. Das ist so zu verstehen: Der Weg der Religion und der Kirche ist breit und die Pforte zu Gott, die sie zeigen, weit. Man kann diesen Weg gehen ohne viel Mühe. Man bekommt dort viel und braucht wenig zu geben. Man bekommt Trost, Hilfe, Vergebung der Schuld, Befriedigung des Herzens. Wenn man nur *Religion* hat. Aber *Gott* braucht man nicht zu haben, den wirklichen Gott. Seine *Sache* braucht man nicht zu haben. Man braucht nicht in Zwiespalt und Kampf mit der Welt zu geraten. Man kann sich sogar in Religion berauschen. Man kann auch die Religion benutzen. Man kann die religiöse Maske anwenden. Darum wandeln Viele auf diesem Wege und gehen durch diese Pforte. Der Weg des *Reiches* aber ist einsam. Auf ihm gehen nur Wenige. Sie haben es nicht leicht. Sie schauen auf den gewaltigen religiösen und kirchlichen Apparat und Betrieb und wie er zu Zeiten gedeiht, und wissen doch, wie wenig er mit Gott zu tun hat, wie oft er gegen Gott ist, wie leicht er von Gott ablenkt, wie sehr er Gottes wirkliche Forderung und Verheißung verhüllt.

So war der Weg Gottes immer einsam. So war Moses einsam, so Elias, so Amos, so Jeremias, so Jesus selbst. So ist jeder, der das Reich erwählt statt der bloßen Religion und Kirche, einsam – besonders heute. So muß, wer diesen Weg gehen will, einsam sein können.

F. Ist das nicht schwer? Sollte man nicht trachten, aus dem Alleinsein herauszukommen, etwa durch Propaganda seiner Sache oder Zusammenschluß mit Andern?

A. Nicht ohne weiteres. Nicht par force. Das Alleinsein hat auch sein Recht und seine Verheißung. Es ist schwer, aber es ist ein großer Trost dabei.

F. Welcher?

A. Mancherlei und starker. Einmal: Der geräumige Weg und die breite Pforte von Religion und Kirche führen nicht zum wirklichen Gott, der nur im *Reiche* zu finden ist. Sie führen zum «Verderben». Das heißt: sie *verlieren* sich. Die Menschen finden auf ihnen nicht das, was sie eigentlich suchen. Alle bloße Religion und Kirchlichkeit versagt eines Tages. *Gott* findet nur, wer seine *Sache* will, wer nach seinem Reiche und seiner Gerechtigkeit trachtet. Ihm allein fällt auch die Verheißung des Reiches zu. Es ist freilich ein schwerer Weg. Er bedeutet oft ein Sterben. Aber er allein führt zum Leben – zu dem wirklichen Leben, dem Leben aus Gott mit all seinem Reichtum, dem Leben des Reiches Gottes mit all seiner Herrlichkeit. Das ist die Grundordnung Gottes.

Wie sie für die Einzelnen gilt, so auch für die *Gemeinschaft*. Auch Völker und Kirchen werden nicht durch viel Religion, viel religiösen Betrieb, viel religiösen Eifer gerettet – sie können dadurch auch betrogen, verblendet werden –, sondern nur durch Erkenntnis des Willens Gottes und Gehorsam dagegen, nur durch die Gerechtigkeit des Reiches Gottes. Es ist auch ein schwerer Weg, auch ein Sterben, aber er allein führt zum *Leben*.

Dazu kommt ein anderer Trost: Auf solche Weise einsam sein, heißt mit *Gott* einsam sein, dem wirklichen Gott. Das aber heißt, in großer, in wirklicher *Gemeinschaft* sein. Auf diese Art einsam sein, heißt mit *Jesus* einsam sein, und das ist höchste Ehre und Freude. Jesus selbst spricht: «Ich bin nun allein, und doch bin ich nicht allein, denn der Vater ist mit mir»[1]. Man kann Gott nur als Einsamer wirklich haben. Als *Armer*. Und in ihm auch die Welt – in ihm alles.

Weiter. Im Reiche Gottes spielt der *Einzelne* eine ent-

---

[1] Johannes 16, 32.

scheidende Rolle. So hat es Kierkegaard, einer von den großen Einsamen, verkündigt. Der Einzelne muß vorangehen, der Einzelne bricht Bahn. Der Einzelne muß leiden. Dieser Einzelne kann eine kleine Gemeinschaft sein oder ein einziger Mensch, ein Moses, ein Elias, ein Amos, ein Jeremias, ein – Jesus. Darum muß, wer Gott recht dienen will, nicht nur einsam, sondern auch *allein* sein können, ganz allein, mit Gott allein. Er hat es schwer, aber er trägt eine Krone. Und die Einzelnen bilden doch auch eine Gemeinde. Ihrer sind schließlich doch viele. Und diese vielen Einzelnen sind nicht Nullen sondern Zahlen. Sie bilden die unsichtbare und doch spürbare, dich umgebende «Gemeinschaft der Heiligen». Du bist doch nicht allein.

F. Aber kann und soll das Reich nicht auch zu den *Vielen* kommen? Ist denn die Sache Christi bloß individualistisch zu verstehen?

A. Das Reich soll auch zu den Vielen kommen. Es ist universalistisch wie es individualistisch ist. Der «kleinen Herde» ist ja das *Reich* versprochen. Es soll nicht bei ihr bleiben. Das bekannte Wort Jesu[1] so auszulegen, ist ein arges Mißverstehen. Das Reich will seinem Wesen nach zu den Vielen. Aber der Einzelne muß Bahn brechen. Vor Gott muß jeder der Einzelne werden, damit er den Andern Gott bringen kann. Immer wieder, wenn die Masse gottfern wird, muß der Einzelne aus der Einsamkeit des Gottesberges her zu ihr kommen. Und immer wieder muß der Einzelne der Masse *widerstehen*. Das ist schwer, aber es ist doch auch herrlich.

Und endlich ist noch ein letzter, vielleicht größter Trost dabei. Auf diesem Wege sieht man *Gott*, über die Religion und überhaupt über die Menschen hinweg. Was die Menschen auch treiben, was die Religion treibt – Gott geht

---

[1] Lukas 12, 32.

seinen eigenen Weg. Seine Gerechtigkeit, sein Gericht walten frei und groß darüber, seine Gedanken stehen über den Gedanken der Menschen. Wenn sie – trotz der Religion – ferne von ihm sind, ist Er doch da – gewaltig und herrlich. Und sein Reich wird siegen.

Endlich: Er ist auch da, wo keine Religion ist. Wie er bei denen, die ihn bekennen, *nicht* sein kann, so kann er bei denen *sein*, die ihn – aus Mangel an Erkenntnis seines wahren Wesens, vielleicht durch Schuld seiner Bekenner – nicht bekennen. Wie öffnet sich damit der Horizont! Wie frei, weit und reich wird das Leben mit Gott, dem lebendigen Gott, dem Herrn und Vater!

Mag dieser Weg einsam sein, so fürchte dich doch nicht davor! Harre aus! Es ist der Weg zum Leben, für dich und für die Welt.

6. *Falsche Propheten – das Erkennen an den Früchten*

F. Wie soll man sich denn aber in dem bunten und wirren religiösen Wesen orientieren?

A. Jesus antwortet:

«Nehmet euch in acht vor den falschen Propheten, die in Schafskleidern zu euch kommen, inwendig aber reißende Wölfe sind. An ihren Früchten sollt ihr sie erkennen. Liest man etwa von den Dornen Trauben oder von den Disteln Feigen? So trägt jeder gute Baum gute Früchte, ein fauler Baum aber trägt schlechte Früchte. Ein guter Baum kann nicht böse Früchte bringen, noch ein fauler Baum schöne Früchte bringen. Jeder Baum aber, der nicht schöne Frucht trägt, wird abgehauen und ins Feuer geworfen werden. Also sollt ihr sie an ihren Früchten erkennen.» (7, 15–20.)

F. Wer sind diese *falschen Propheten?*

A. Es sind solche, die mit dem Anspruch auftreten, eine religiöse Wahrheit oder auch *die* religiöse Wahrheit zu verkündigen, vielleicht eine neue, und die mit großem Anspruch auftreten, als von Gott selbst inspiriert und gesendet.

Es können auch Bewegungen und Gemeinschaften sein. Sie sind zahlreich und verführen Viele. Und es ist leichter, falschen Propheten zu folgen als echten. Die echten werden nicht gefolgt sondern verfolgt. *Groß ist die Macht des religiösen Schwindels.*

F. Was bedeutet es, daß diese falschen Propheten in Schafskleidern kämen, inwendig aber reißende Wölfe seien?

A. Das hat einen fast wörtlichen Sinn: Sie zerreißen die Einheit der Gemeinde Christi, indem sie ihre eigene Wahrheit als die allein gültige ausgeben und im besten Falle einen Teil der Wahrheit zur ganzen machen. Damit erregen sie Verwirrung, Zwiespalt und Streit.

F. So wären sie denn was die römische Kirche *Ketzer* nennt?

A. Der echte Ketzer ist anders. Er tritt im Namen der lebendigen Wahrheit gegen die tote auf, im Namen der Wahrheit gegen die Lüge, im Namen der ursprünglichen Wahrheit gegen die entartete, im Namen Gottes gegen die Menschen, im Namen des Reiches gegen Religion, Christentum, Kirche. Er ist im Gegensatz zu jenen falschen der echte Prophet. Er gibt Gottes Wahrheit die Ehre unter Einsatz seiner Seele und seiner Ehre vor den Menschen. Jene andern aber sind Wölfe, weil sie rauben.

F. Ist es das, was «Wölfe» bedeutet?

A. Es bedeutet, daß sie die Religion im Dienste der Welt mißbrauchen. Sie suchen ihre Ehre. Sie suchen Macht. Sie suchen oft auch Geld. Sie suchen nicht allzuselten auch Schlimmeres. Dieses religiöse Wesen ist eine unerschöpfliche Quelle von Trug und Heuchelei. Jesus wirft den Pharisäern vor, daß sie die Häuser der Witwen und Waisen fressen, und lange Gebete vorwenden[1]. Das wiederholt sich immer wieder. Aber dieses Rauben ist doch meistens gei-

[1] Matthäus 23, 14.

stiger und geistlicher Art. Diese falschen Propheten, seien es Einzelne, seien es Bewegungen und Gemeinschaften, wollen möglichst Viele und Vieles an sich reißen. Sie stehen in Konkurrenz zu Anderen und Anderem. Sie setzen diese herunter. Sie richten sie. Sie verdammen sie. Sie zerreißen sie in Hochmut, Haß und Neid. Sie zerreißen sie mit Frömmigkeit und Theologie. Sie schlagen ihre Zähne in ihr Herz. Es gibt nirgends soviel Streitwut, soviel Richtgeist, soviel Eifersucht, soviel Selbstgerechtigkeit und Hochmut, soviel giftige Verleumdung wie in den religiösen, theologischen, kirchlichen, frommen Kreisen.

F. Warum ist das so?

A. Weil nicht Gott gilt, sondern die Religion. Weil das echte Absolute zum falschen wird. Gott gibt, die Religion nimmt. Gott einigt, die Religion trennt.

F. Was bedeuten aber denn die «Schafskleider», in denen diese Art daherkommt?

A. Jesus legt damit die Hand auf eine bedeutsame Sache. Diese Schafskleider sind eine wichtige Form jener *Heuchelei*, welche das Krebsübel der Frömmigkeit ist. Diese tritt gerne im Gewande des Guten und Göttlichen auf: als Eifer für Gott, als religiöser Ernst, als Tiefsinn. Mit Vorliebe auch als Milde und Güte. Sie zeigt gerne jene falsche Sanftmut, hinter der sich der Haß verbirgt. Sie zeigt jene Schlangenklugheit, die nicht mit der Taubeneinfalt verbunden ist, oder dieses nur zum Schein. Sie kann oft auch starken Glanz verbreiten, sodaß es auch Ehrlichen schwer wird, den Schein zu durchschauen. Es ist eine große Not.

F. Wie kann man denn aber den falschen Schein durchschauen? Soll man die falschen Propheten, seien es Einzelne, seien es Bewegungen und Gemeinschaften, mit Gründen der Vernunft oder mit der Bibel widerlegen?

A. Mit Gründen der Vernunft ist solchen Mächten gegenüber nicht viel auszurichten. Man gießt damit nur

Öl ins Feuer. Und der Bibel setzen sie die Bibel, der einen Stelle eine andere entgegen. Jesus weist uns darum auch nicht an, daß wir uns mit ihnen einlassen, sei's polemisch, sei's irenisch, sondern daß wir uns vor ihnen hüten und im übrigen unsern Weg gehen.

F. Aber wie können wir uns vor ihnen hüten? Wie die «Propheten» auf ihre Falschheit hin prüfen? Wie den echten Propheten – es gibt doch auch solche? – von dem falschen unterscheiden?

A. Jesus gibt dafür ein ganz einfaches und unfehlbares Mittel an: «*An ihren Früchten sollt ihr sie erkennen*». Denn von der Frucht kann man auf den Baum schließen. Man liest nicht von Dornen Trauben und nicht von Disteln Feigen. Wo man Trauben findet, da hat man es mit einem Weinstock zu tun, und wo man Feigen findet, da hat man einen Feigenbaum vor sich. Das ist eine einfache und klare Sache.

F. Welches sind denn die guten und schönen Früchte?

A. Sie sind leicht zu nennen. Vor allem Wahrheit und Ehrlichkeit. Sodann echter Glaube, der sich in Taten zeigt. Sodann selbstverständlich die Liebe. Und in alledem die Nachfolge im Kampfe für das Reich Gottes gegen das Reich der Welt, die Freiheit von ihrer Macht, ihrer Ehre, ihrem Geld. Wo du einen Menschen, eine Bewegung, eine Gemeinschaft triffst, welche Anspruch auf eine besonders gute Theologie oder eine besonders große Frömmigkeit, einen besonders starken religiösen Ernst machen, da siehe zu, wie sich dieser Anspruch im persönlichen Verhalten ausprägt, ob sich der Glaube als Tapferkeit gegen die Welt bewährt, als Freiheit von den Schätzen der Welt, als Verständnis, Weitherzigkeit, Güte, als tiefe Ehrlichkeit des Verstehenwollens, als leidenschaftliches Suchen der Wahrheit, als echte Demut vor Gott. Bestehen sie diese Probe, dann sind sie, bei aller sonstigen menschlichen Schwachheit, aus Gott. Wo du aber an solchen «Propheten», seien es Einzelne, seien es Bewegungen oder Gemeinschaften, einen ausgeprägten Hochmut beobachtest, eine starke Neigung, Andere zu richten, ihr Wollen zu entstellen, ja zu verhöhnen, eine ausgeprägte Fähigkeit, sich durch seine religiöse Stellung in der Welt Einfluß und Macht zu verschaffen, oder vielleicht ein starkes Verlangen nach ihren Schätzen, sogar nach dem Gelde; wo du sie klug auf ihrer Hut siehst, wenn es auf das Wagnis des Glaubens ankäme; wo du sie blind siehst, wenn es ein Auge für Gottes Walten zu haben gölte; wo du an ihnen die echte Liebe vermissest – da weißt du, daß du es mit falschen Propheten zu tun hast. Denn von den Früchten schließt man auf den Baum.

F. Aber können nicht Früchte auch täuschen?

A. Nicht auf die Länge. Es gibt vor allem *ein* Kennzeichen, das nicht täuscht. Das ist Jesu Grundregel: «Trachtet zuerst nach dem Reiche Gottes und seiner Gerechtigkeit.» Wo ein Prophet, sei's ein Einzelner, sei's eine Bewegung, sei's eine Gemeinschaft, diese Regel befolgt, wo sich die Anhänger für die Gerechtigkeit Gottes in der Welt einsetzen und für den Menschen und das Recht, das er von Gott hat, stehen, gegen alle Vergewaltigung und Schändung, alle Ausbeutung und Versklavung; wo sie für die Reinheit kämpfen, für die Freiheit, für die Wahrheit und für die Liebe, in Wort und Tat; wo sie im Namen Gottes gegen die Götzen streiten, heißen sie Mammon und Gewalt, heißen sie Staat, Kirche, Religion; wo sie dafür Verkennung, Verfolgung, Opfer und Leid nicht scheuen – da hast du es sicher mit echten Propheten zu tun. Wo sie sich aber gerade um diese Dinge zu drücken wissen, vielleicht im Namen einer besseren Theologie und tieferen Frömmigkeit, da ist die Wahrheit Gottes nicht, da ist bloß Religion. Da ist ein Trug. Solche falschen Propheten werden nicht lange bestehen, so sehr sie anfangs glänzen und Erfolg haben mögen. Man achte auf die Früchte. An den Früchten hat man die ersten Jünger Christi erkannt. An den Früchten die Jünger des Franziskus, des Wiklif und Hus. An den Früchten die Reformierten. An den Früchten auch die Täufer. An den Früchten die Quäker. An den Früchten die Methodisten. An den Früchten die Heilsarmee. Vor den Früchten, den echten, hält die Welt still. Von den Früchten aus glaubt sie an Gott, an Christus, während der Mangel an Früchten bei den Gläubigen, den Christen, sie von Gott und Christus abhält. Darum sagt ja Christus: «Lasset euer Licht leuchten vor den Menschen, daß sie eure schönen Werke ehen und euern Vater im Himmel preisen». Die Jünger Christi dürfen nicht in ihrer persönlichen Haltung sein wie die Andern. Es muß an ihnen jenes Außerordentliche hervortreten, das nur durch Gott, den Herrn und Vater, erklärt werden kann und darum auf ihn hinweist, Glauben an ihn schafft. Darum, wenn ihr als Propheten, sei's als Einzelne, sei's als Bewegung, sei's als Gemeinschaft, die Welt überzeugen und werben wollt, dann schaffet entsprechende Früchte. Das ist der Weg.

F. Kann das aber nicht wieder zur Selbstgerechtigkeit führen, zur Schaustellung und zur Heuchelei?

A. Es kommt darauf an, ob es von Gott kommt oder bloß aus der Religion. Auch hier geht von Gott, dem Herrn und Vater, die große Umkehrung aus. Wo Gott, der Herr und Vater gilt, da gilt sein Reich und dessen Gerechtigkeit, nicht die eigene Gerechtigkeit. Wo Gott gilt, der Herr und Vater, da gilt Wahrheit, nicht Trug. Wo Gott gilt, der Herr und Vater, da gilt Demut, nicht Hochmut. Wo Gott gilt, der Herr und Vater, da gilt Liebe, nicht Haß. Wo Gott gilt, der Herr und Vater, da gibt man dem Menschen und Bruder das Recht, das er von Gott hat. Wo Gott gilt, der Herr und Vater, da fällt das große Reich des religiösen Egoismus dahin, da gibt man Gott die Ehre und nicht sich selbst oder der Welt, da sucht man nicht Ehre und Gut der Welt, sondern Gottes Ehre und Gottes Gut. Wo Gott gilt, der Herr und Vater, da entsteht nicht Streit, sondern Friede, da führt der Weg über den Streit in den Christentümern, Theologien, Kirchen, Gemeinschaften zur Einen Gemeinde des Reiches Gottes, die in der Nachfolge seine Gerechtigkeit in der Welt vertritt. Das ist die wahre Ökumene und der wahre Weg zu ihr.

7. Wer sind die Gläubigen – wer die Gottlosen?

F. So sollen wir also die Religiösen, die Gläubigen, die Frommen beurteilen. Aber wie die *Nichtreligiösen*, die *Ungläubigen*, die *Gottlosen?*

A. Darauf antwortet Jesus:

«Es wird nicht jeder, der zu mir Herr, Herr sagt, in das Reich Gottes eingehen, sondern nur wer den Willen meines Vaters im Himmel tut. Viele werden an jenem Tage sprechen: ‚Herr, Herr, haben wir nicht in deinem Namen verkündigt und in deinem Namen Dämonen ausgetrieben und in deinem Namen viele Kräfte bewiesen?' Und dann werde ich ihnen offen sagen: ‚Ich habe euch nicht gekannt, weichet von mir, ihr Übeltäter.'» (7, 21–23.)

F. Ist das nicht ein kühnes Wort?

A. Es ist sehr kühn und darum auch wenig verstanden, am wenigsten in Religion, Theologie, Kirche und Frömmigkeit.

F. Was bedeutet es denn? Wer sind die «Vielen»?

A. Es sind die Gläubigen, die Frommen.

F. Wer sind die «Verkünder»?

A. Das waren zur Zeit der Apostel solche, deren *Gabe* die Verkündigung war, die vielleicht mit Zungen redeten[1].

[1] Es ist an die besondern Gaben der ersten Gemeinde zu denken. Vgl. 1. Korinther 12 und 14.

Das sind heutzutage die beliebten Prediger, auch die berühmten Evangelisten, die erfolgreichen religiösen Schriftsteller und ähnliche Erscheinungen.

F. Sollte ihr Tun nicht wertvoll sein?

A. Es kann bloßer Schall und Trug sein und von Gott selbst ablenken. Nur die Verkündigung des wirklichen Willens Gottes, und der ist die Gerechtigkeit seines Reiches, hat Wert vor Gott. Und nicht das bloße Wort, sondern vor allem die Tat, und nicht nur die Tat, sondern die Gesinnung, und nicht nur die einzelne Tat, sondern die ganze Existenz, von der sie ein Ausdruck ist.

F. Aber Andere weisen ja *Taten* auf: Austreibung von Dämonen und Kräfte aller Art. Was bedeutet das?

A. Auch die Tat allein tut es nicht; es kommt darauf an, in welchem Zusammenhang sie steht. Es gab zur Zeit Jesu solche, die Dämonen austrieben, und das heißt: solche, die eine wunderbare Macht über die Krankheit übten, auch solche, die etwa eine außerordentliche Kraft des Gebetes besaßen oder zu besitzen vorgaben und Ähnliches. Solche Werke gibt es auch heute, wirkliche oder auch vorgebliche. Solche Werke *sucht* man jedenfalls, und sie sollen ein besonderes Zeichen der Frömmigkeit sein. So vor allem auch die Krankenheilungen. Aber es können auch andere Werke eine solche Rolle spielen, namentlich das, was man die Liebestätigkeit nennt, die innere Mission, Fürsorge aller Art.

F. Inwiefern können diese *falsch* sein? Sind sie den Jüngern nicht verheißen?

A. Sie können falsch sein, wenn sie bloß Schaustellung sind. Sie können falsch sein, wenn sie irreführen, wenn sie von Gottes wirklichem Willen ablenken, wenn sie bloß der Religion dienen statt dem Reiche Gottes und seiner Gerechtigkeit; wenn Krankenheilungen der Ehre einer Kirche oder einer Bewegung dienen sollen, vielleicht auch bloß der Sensation; wenn die Liebestätigkeit, die innere Mission, die Fürsorge an die Stelle der sozialen Gerechtigkeit im Sinne Jesu und der ganzen Bibel treten sollen und, wie ein großer Jünger (Pestalozzi) sagt, das Recht im Mistloch der Gnade verscharrt wird. Dann gilt auch von dem allem: «Geht mir damit weg! Ich habe nichts damit zu tun. Ihr steht der Gerechtigkeit des Reiches Gottes im Wege. Zu mir gehört nur, wer den Willen Gottes tut, nicht wer zu mir Herr, Herr sagt». Am Tage des Gerichtes, «an jenem Tage», gilt nur was im Gleichnis vom Weltgericht gesagt wird.

F. Wann ist das Gericht?

A. Es ist jederzeit. Es ist immer wieder. Und es ist am Ende.

F. Was bedeutet das «*Herr Herr sagen*»?

A. Es bedeutet das «Maulbrauchen», das jener große Jünger immer wieder verurteilt, weil es an die Stelle der Tat tritt. Es bedeutet das bloße Bekenntnis zu Christus durch Dogma, Theologie, Credo oder auf ähnliche Weise. Das gilt vor Gott nichts.

F. Macht Gott denn keinen Unterschied zwischen Gläubigen und Ungläubigen, Frommen und Gottlosen?

A. Jesus stellt nicht auf die Religion ab, sondern auf Gott. Gott ist größer als die Religion.

F. Auch als das Christentum?

A. Auch als das Christentum. Christus ist größer als das Christentum und ist anders als das Christentum. Jesus vollzieht hier zum Schluß die größte aller seiner Revolutionen. Es tritt hier in letzter Klarheit und Gewalt eine Wahrheit auf, welche die ganze Bibel durchzieht und besonders von allen Propheten vertreten wird: *Gott kann dort sein, wo die Religion nicht ist, und er kann dort nicht sein, wo die Religion ist.* Er ist da, wo in Wahrheit, Freiheit, Menschlichkeit und Liebe, in der Gerechtigkeit des Reiches sein

Wille geschieht. Darauf kommt es ihm an, nicht auf das Credo. Er haßt das Credo, haßt die Theologie, haßt die Schriftgelehrsamkeit, haßt die Frömmigkeit, haßt den Kultus, wo nicht in der Gerechtigkeit seines Reiches sein Wille geschieht. Er ist aber da, wo dieser Wille geschieht, auch ohne daß er selbst gekannt und genannt wird. Er bedient sich der Ungläubigen, um die Gläubigen zu richten. Er bedient sich der Heiden, um die Christen zu beschämen. Ihm entspricht nicht ein Credo, eine Theologie, eine Konfession, auch nicht die Religion, das Christentum, sondern das Reich und im Reiche der Mensch. Das lehrt auch das Gleichnis vom barmherzigen Samariter. Darum ergeht heute Gericht über Religion, Christentum und Kirche. Sie werden gerichtet durch die Ungläubigen, durch die weltlichen Bewegungen des Sozialismus und Kommunismus. Sie werden durch diese gestraft, sie werden durch diese erinnert an das, was sie vergessen haben. Sie sollen darob erwachen und zu sich selbst kommen. Sie sollen durch Religion und Christentum zum Reiche Gottes und zur Nachfolge vordringen.

F. Wie sollen wir denn zwischen Gläubigen und Ungläubigen, zwischen Frommen und Gottlosen unterscheiden?

A. Wir sollen es tun wie vorher in der Stellung zu den Religiösen, den Gläubigen, den Frommen: an Hand der *Früchte*. Nur so. Wir sollen den gewöhnlichen Unterschied aufgeben. Wir sollen die Menschen nicht in die Kategorien von gläubig und ungläubig, fromm und gottlos stecken. Kein Mensch ist gottlos. Mag er Gott loslassen, so läßt Gott ihn nicht los. Der Mensch gehört als Mensch zu Gott. Das ist Jesu Stellung, und das soll die unsrige sein. So sollen wir den Menschen sehen, von Gott, dem Herrn und Vater aus. Nicht mit der Brille des Credos, sondern mit dem Auge Gottes, des Herrn und Vaters. Gott, der Herr, behält sich sein Recht vor. Glaube und Unglaube stehen unter ihm; er gibt den Maßstab dafür nicht in die Hand des Menschen. Gott, der Vater, umfaßt uns mit allen Menschen als Kinder und Brüder.

Ein tiefer Riß geht durch die Christenheit, schon lange: Die Einen glauben an Gott, aber nicht an sein Reich, das heißt nicht an die Gerechtigkeit – die Andern glauben an das Reich, das heißt an die Gerechtigkeit, aber nicht an Gott. Beides hängt zusammen. Die Einen glauben nicht an das Reich, weil die Andern nicht an Gott glauben. Diese glauben nicht an Gott, weil jene nicht an das Reich glauben. An diesem Gegensatz geht die Welt zugrunde, durch seine Überwindung lebt sie auf. Es kommt aber die Zeit und ist schon da, wo die Söhne und Töchter Gottes an das Reich glauben und die Söhne und Töchter des Reiches an Gott, den Herrn und Vater, von dem es kommt.

F. Aber macht es denn keinen Unterschied, ob ein Mensch an Gott glaubt oder nicht?

A. Das ist sogar der entscheidende Unterschied. Es kommt bloß darauf an, was man unter dem Glauben an Gott versteht!

F. Ist es nicht auch wichtig, daß wir nicht bloß unbewußt, sondern bewußt Gottes Willen tun?

A. Es ist sehr wichtig. Nur soll uns das, wenn wir Gott im Sinne der Bibel und besonders im Sinne Jesu verstehen, gerade zu der Weite des Herzens und Auges führen, die das Wort Jesu meint. Er ist ja selbst das Vorbild dafür. Es soll zu Gott führen, dem Herrn und Vater, nicht aber zu Religion, Dogma, Kirche, zum Reiche Gottes, nicht bloß zum Christentum. Die Religion macht eng, auch das Christentum tut es, Gott aber macht weit. Christus ist das *Licht* der Welt.

F. Ist das nicht ungeheuer revolutionär? Hebt das nicht alle Religion auf?

A. Es ist ungeheuer revolutionär. Es hebt alle Religion auf. Aber in *Gott*, dem Herrn und Vater, und in *seinem* Reich.

So schließt die Bergpredigt mit einem gewaltigen Ausblick in die Weite und Freiheit, in das Reich Gottes und des Menschen.

8. Sand und Fels

F. Darf man auf die Bergpredigt das Leben abstellen – das eigene und das der Welt?

A. Jesus spricht:

«Der nun diese Worte hört und sie tut, der wird einem verständigen Manne gleichen, der sein Haus auf den Felsen baute. Und es fiel der Regen herab und es kamen die Flüsse, und es wehten die Winde und stießen an jenes Haus, und es fiel nicht: denn es war auf den Felsen gegründet. Und jeder, der diese Worte hört und nicht darnach tut, wird einem törichten Manne gleich sein, der sein Haus auf den Sand baute. Und es fiel der Regen herab und kamen die Flüsse und die Winde wehten und stießen an jenes Haus, daß es fiel. Und es war ein großer Fall.» (7, 24–27.)

Dieser große Fall ist geschehen. Unsere ganze Kultur, die nicht auf Gott gegründet war, ist zusammengestürzt. Es kam der Regen der auflösenden Mächte herab und es kamen die Flüsse der Zerstörung. Es wehten die Stürme des Gerichtes und stießen an dieses Haus unserer Kultur, das auf Sand gebaut war und nicht auf den Felsen. Es muß neu gebaut werden. Auf Gott. Wille und Ordnung Gottes aber, des Herrn und Vaters, sind in der Bergpredigt offenbar. Sie ist nichts Anderes. Wer Gottes Willen tun, wer auf Gott bauen will, muß es im Sinne der Bergpredigt tun. Und es wird der Fels sein, für den einzelnen Menschen und für die Gemeinschaft der Menschen. Die Welt ist Sand und Strom; Gott ist der Fels und Christus Gottes Wahrheit.

Wir haben wiederholt auf das mangelnde Verständnis gewisser Zeitalter und entsprechender Denkweisen für den

Sinn der Bergpredigt hingewiesen. Dieses mangelnde Verständnis ist begreiflich. Denn die Bergpredigt stellt die Wahrheit und Ordnung einer andern Welt dar, als «diese» Welt ist. Solange nun die Ordnungen dieser Welt galten und wenig erschüttert schienen, konnte man darum natürlicher Weise die Bergpredigt nicht fassen. Nur ein Tolstoi, für den sie erschüttert waren wie nach ihm etwa ein Gandhi, und dazu einige verwandte Geister, konnten eine richtige Ahnung davon haben. Jetzt aber sind die Ordnungen dieser Welt zusammengebrochen und die Götter dieser Welt mit ihnen gestürzt. Sie haben gezeigt, wohin sie führten. Nun hat das Weltreich sich ausgetobt und hat das Gottesreich Raum bekommen. Und nun taucht aus den Wogen des Chaos der Berg der Bergpredigt auf.

Das ist der Sinn der Katastrophe. Die Bergpredigt kehrt wieder – für immer! Sie ist die Hilfe!

9. Die Vollmacht

Es heißt zum Schlusse:

«Und es geschah, als Jesus diese Reden vollendet hatte, daß die Massen über seine Lehre staunten: denn er lehrte als Einer, der Vollmacht hat, und nicht wie die Schriftgelehrten.» (7, 28–29.)

F. Was bedeutet diese *Vollmacht?* Im Gegensatz zu der Art der Schriftgelehrten?

A. Sie bedeutet, daß Jesus von *Gott* aus redet, die Schriftgelehrten aber von der Religion, vom Christentum, von der Bibel, von der Kirche aus. Aber es tritt in dieser Bemerkung noch einmal ein Moment zutage, das für das ganze Verständnis der Bergpredigt wesentlich ist. Wir haben es am Anfang berührt und müssen es nun noch hervorheben.

Die Bergpredigt ist, wie wir gezeigt haben, kein abstraktes Lehrstück, das außer allem geschichtlichen Zusammenhang dastünde, sozusagen als ein in sich geschlossenes Kapitel einer Ethik Jesu. Sie ist nicht eine Theorie, sondern eine Botschaft, und zwar die Botschaft von dem Reiche Gottes, das sich als Gegensatz zum Reiche der Welt anbietet und das zur Nachfolge werden soll. Nie darf dieser Zusammenhang aus dem Auge gelassen werden.

Aber ebensowenig der Zusammenhang, mit dem, der diese Botschaft ausrichtet. Wie wir schon gesagt haben: *Er ist ihre Kraft.* Er ist auch ihre Erklärung. Wir haben sie denn auch immer wieder durch ihn gedeutet, durch seine *ganze* Botschaft und durch sein *Beispiel.* Nicht zuletzt durch sein Kreuz und durch seine Auferstehung. Sie schimmern überall durch. *Jesus Christus ist die Vollmacht der Bergpredigt.* Ohne ihn wäre sie bloß utopistische Philosophie, durch ihn wird sie Botschaft, wird sie Verheißung und Forderung Gottes, der aus ihm und durch ihn spricht.

Dieser Sachverhalt darf nun aber nicht theologisch mißbraucht werden. Das geschieht, obgleich oft in bester Absicht, wenn man die Bergpredigt in den Rahmen einer sog. *Christologie* spannt, welche ein Stück paulinistischer, d. h. aus einer falschen, weil einseitigen Deutung des Apostels Paulus und besonders seines Briefes an die Römer entstandenen Theologie darstellt. Man verwehrt damit den Menschen den freien Zugang zur Bergpredigt wie zu Jesus. Man verlangt von dem, der zu ihm kommen will, eine Zutrittskarte zu einem Lehrsaal, worin die Bergpredigt von einem Professor der Dogmatik und Ethik im Rahmen der Orthodoxie doziert wird. Damit sperrt man die Menschen von der Sonne der Geisteswelt ab. Die Bergpredigt heißt nicht umsonst so. Sie führt auf einen *Berg,* der hoch über aller Christologie, aller Dogmatik und Ethik, ja aller Religion und allem Christentum in dem Sonnenschein und der Höhenluft Gottes liegt, als der nicht nur die Akropolis und das Kapitol, sondern auch den Sinai überragende Berg Gottes und des Menschen. Gerade diese Freiheit von aller

Theologie, ja auch aller Religion, zeichnet ihn aus und macht ihn zu dem großen Zeichen der Revolution der Welt wie auch der Moral und Religion durch Gott selbst.

So soll man ihn stehen lassen und den Menschen zeigen, ihn nicht durch die Nebel der Theologie verhüllen.

Freilich ist die Bergpredigt nicht die einzige und letzte Form der Botschaft vom Reiche Gottes und der Nachfolge Christi. Es sind auch die andern Reden Jesu da. Es sind seine Gleichnisse da. Es sind seine Taten da. Es ist vor allem das Kreuz da und das Offene Grab. Es ist Pfingsten da. An das alles dürfen und sollen wir denken, wenn wir die Bergpredigt verstehen wollen. Es ist ein fundamentales Prinzip aller Deutung der Geschichte, daß wir den Anfang vom Ende her verstehen sollen. Auf das alles weist der Sinn der Bergpredigt hin. Aber wir sollen es nicht vorwegnehmen, indem wir es korrekt theologisch-dogmatisch formuliert in sie hineinlegen. Und es gilt auch das andere Prinzip, das zu erkennen und anzuwenden zu der Revolution Christi gehört, die heute wieder anbrechen will: *Das ganze Evangelium, auch Christus selbst, muß auch von der Bergpredigt aus verstanden werden.*

AUSBLICK

F. Ist diese ganze Erklärung *erschöpfend*?

A. Erschöpfend? Es ist damit bloß stammelnd darauf hingewiesen. Sie ist so unendlich tief wie das Meer und so unendlich weit wie der Himmel – wie Gott selbst, der Herr und Vater, und sein Reich.

Die Bergpredigt ist bloß eine Anleitung, ihn zu verstehen. Er allein auch, des Lebendige, legt durch seinen Heiligen Geist die Bibel aus, legt sie immer neu aus; wir sind dabei nur seine bescheidenen Handlanger. Im Sinn und Geist der Bergpredigt dürfen wir auch sogar seine Mitarbeiter sein.

NACHWORT

von Wolfgang Deresch

«Mit der Kirchenform des Christentums ist es für uns aus. – Ist ein Schein nicht schlimmer als eine Leere? Alle diese Predigten, Kinderlehren, Kirchenfeste, ‹Funktionen›, haben sie nicht jene Täuschung zur Folge, daß ‹das Christentum da sei›? Könnte nicht sein, daß durch dieses Scheinwesen, dieses Christentumspielen sowohl die, die sich darauf einlassen als auch die, die sich daran stoßen, von Christus abgehalten würden? Könnte nicht sein, daß diese große Unwahrheit eine arge Verhüllung des Gottesreiches wäre?»

Der Mann, der dies zu Anfang unseres Jahrhunderts schrieb, durfte nicht damit rechnen, daß er Zustimmung fand, ja noch nicht einmal, daß man ihm zuhörte. Er wurde nicht verstanden, und man wollte ihn auch gar nicht verstehen. Theologen, Pastoren und die große Masse der Christen identifizierten sich mit den Gegebenheiten und Leitbildern der bürgerlichen Gesellschaft. Da die Verkündigung von Ragaz sich nun aber gerade gegen diese Gesellschaftsform richtete, hatten sie nur ein Bestreben, diesen Mann beiseitezuschieben. Sieht man aufs Ganze, so ist diese Verdrängung gelungen. Dabei ist die Rolle der dialektischen Theologie nicht zu übersehen. Stammt doch von ihr das höchst wirksame Klischee: Ragaz, das ist der, der das Reich Gottes mit dem Sozialismus verwechselt. Einmal so etikettiert, blieb sein theologisches Wollen bis in unsere Tage hinein desavouiert. Mit den Schlagwörtern der «Synthese», des Säkularismus und des falschen Autonomiestrebens gewöhnte man sich an, ihn theologisch abzuurteilen. Daß Ragaz sich dem Sozialismus zugewandt hatte, wurde endlich als unstatthafter Versuch der «Selbsterlösung» verdammt. Blieb seiner Stimme bis zu seinem Tode 1945 wenigstens in der Schweiz immer noch eine gewisse Resonanz erhalten, so galt es in der theologischen Diskussion seitdem als ausgemacht, daß bei Ragaz «nichts mehr zu holen sei». Auch seine Biographen haben an dieser Einstellung nichts zu ändern vermocht. Problemklärung für unsere Zeit wollte keiner mehr von ihm erwarten.

Nur ein einziger, Emil Fuchs, machte in seiner Wertung eine Ausnahme. Er nannte Ragaz einen «Propheten unserer Zeit». Doch sein freiwillig von ihm gewählter Wohnort, Leipzig, trug dazu bei, daß sein Urteil im westlichen Deutschland kein Gehör fand.

Aber hat man überhaupt bis heute recht zugehört und verstanden, was Ragaz zu sagen hat?

Im Zentrum seines theologischen Denkens steht das Reich Gottes. Im theologischen Liberalismus, aus dem Ragaz kommt, hatte die Lehre von den «letzten Dingen» keine Rolle gespielt. Der Begriff des Reiches Gottes bezeichnete, wo man ihn überhaupt verwandte, den Zielpunkt einer rein innerweltlichen Weltvervollkommnung. Ragaz dagegen verstand das Reich Gottes wieder als das Hereinbrechen einer höheren, weltüberlegenen, jenseitigen Wirklichkeit. Es stellt also eine grobe Verdrehung dar, wenn immer wieder behauptet wurde, Ragaz erwarte von den bloßen Umwälzungen der äußeren Verhältnisse das Kommen des Reiches. Gerade umgekehrt ist es richtig. Von dem Hereinbrechen des Gottesreiches hat er die Umwälzung der bestehenden Verhältnisse erwartet. Ragaz weist sehr deutlich darauf hin, daß nur Gott in der Kraft seines ewigen Lebens die ständig erstarrenden Formen des menschlichen Daseins, also Staaten, Gesellschaftsordnungen, Religionen und sittliche Systeme, aufbrechen kann. Er tut das, um die Welt seinem Ziel, einer zu göttlicher Freiheit und göttlichem Leben erlösten Menschheit, entgegenzuführen. So hat Jesus auch keine neue Religion gebracht. Was er offenbart hat, ist vielmehr das Reich, die neue Schöpfung und eine neue Welt. Dies ist das Reich, wo der Mensch erst völlig zu sich selbst kommt. Es stellt deshalb eine durchaus handfeste, sichtbare und greifbare irdische Wirklichkeit dar. Es kommt als eine Welt, in der Gerechtigkeit, Reinheit und Güte wohnen. Es wirkt sich aus in den politischen und sozialen Zuständen. Wenn also das Reich Gottes für die Welt ist, so ist für die Welt Hoffnung. Das Reich kommt durch Gottes Kraft, aber auch durch Menschen. Die Mitarbeit der Menschen gehört notwendig dazu. Als Mitarbeiter Gottes harren sie des Reichs und ergreifen im Glauben dessen Verheißungen. Weil die weltlichen und materiellen Dinge zum Herrschaftsgebiet des Gottesreiches dazuzählen, ist es eine ganz untheologische, ist es jedermanns Sache. Ja, Ragaz kann zugespitzt formulieren: die Sache Christi ist keine Religion, sondern eine Politie. Da mit Christus die eigentliche Revolution in die Welt gekommen ist, gilt die Arbeit der Christen dem Ziel einer neuen Weltordnung, wo Gewalt und Zwang aufhören und wo Geist und Gnade herrschen.

Abgesehen von seinen programmatischen frühen Schriften hat Ragaz noch einmal kurz vor seinem Tode sein theologisches Wollen präzisiert. Den Ertrag seines Lebens und Denkens formulierte er dabei in intensiver Auseinandersetzung mit der Bibel. Dies fand seinen Niederschlag in den beiden Bänden «Die Bergpredigt Jesu», dem hier vorliegenden, und in dem Band «Die Gleichnisse Jesu», der ebenfalls als Neudruck in dieser Reihe erschienen ist. Ragaz hat beide Arbeiten als sich ergänzend angesehen bzw. als Komplemente ein und derselben Sache. Sie sollen nach Ragaz' Willen keine historisch-exegetischen Erklärungen für Theologen sein. Sie stellen vielmehr Beispiele für eine gewagte Exegese dar, deren Berechtigung gerade in der neuesten Diskussion wieder entdeckt worden ist. Mit dieser Art aktualisierender Auslegung untersucht Ragaz, wo die Bibel gesellschaftliche Vorgänge beschreibt, die ein Licht auf das Geschehen der Gegenwart werfen. So sieht er die Bergpredigt als die unerhörte Botschaft von der Revolution der Welt durch Gott. Sie leitet die radikale Erneuerung der Sache Christi ein, die, nach Ragaz, der letzte Sinn dieser Zeit ist.

Hauptschriften von Leonhard Ragaz:
Das Evangelium und der soziale Kampf der Gegenwart (1906); Die neue Schweiz (1917); Sozialismus und Gewalt (1919); Weltreich, Religion und Gottesherrschaft, 2 Bde. (1922); Der Kampf um das Reich Gottes in Blumhardt, Vater und Sohn – und weiter! (1922); Von Christus zu Marx – von Marx zu Christus (1929); Die Botschaft vom Reich Gottes (1942); Die Gleichnisse Jesu (1944 – Neudruck 1971 als Band 99 der Stundenbücher); Die Bergpredigt Jesu (1945); Die Geschichte der Sache Christi (1946); Die Bibel – eine Deutung, 7 Bde. (1947–1950); Mein Weg, 2 Bde. (1952); Briefe, Bd. I, 1887–1914 (1966).

Über Leonhard Ragaz:
Andreas Lindt, Leonhard Ragaz, Eine Studie zur Geschichte und Theologie des religiösen Sozialismus (1957); Markus Mattmüller, Leonhard Ragaz, Eine Biographie Bd. I (1957), Bd. II (1968); Wolfgang Deresch, Die Predigt und Agitation der religiösen Sozialisten (1971).